我们这十年

广西壮族自治区博物馆
2014—2024年
发展历程

广西壮族自治区博物馆 编

广西人民出版社

广西壮族自治区博物馆新馆外景

2022年11月28日，自治区领导出席广西壮族自治区博物馆新馆开馆仪式

上图：2022年11月28日，广西壮族自治区博物馆新馆开馆仪式上全馆干部职工合影

下图：2022年11月28日，广西壮族自治区博物馆国家AAAA级旅游景区揭牌仪式

序

广西壮族自治区博物馆（简称广西博物馆）走过了光辉灿烂的九十载。

1934年7月1日，历经9个月的筹备，广西省立博物馆在南宁创立。以“收集本省各种文物天产、其他省或他国有关文化可资比较之物品，供众阅览及研究”为宗旨，设社会部和自然部2个部门。为更好地履行博物馆教育文化使命，首任馆长廖葛民拟定《广西省立博物馆三年工作进行计划纲要》，提出收集研究本省“文物天产”，改进扩充馆务馆舍，加强与省内外学术机构合作，收集研究省外、国外文物等，自此，广西博物馆正式起航。

新中国成立之前，广西博物馆历经战火磨难，藏品散失，研究薄弱，展览凋零，观众寥寥，博物馆工作处于长期停滞不前的状态。尽管如此，广西博物馆如同暴风雨中的大树，依然坚韧不屈，以顽强的毅力拼搏抗争，正如鲁迅先生寄赠的条幅所言：“风号大树中天立，日薄沧溟四海孤，杖策且随时旦暮，不堪回首望菰蒲。”新中国成立后，广西博物馆的藏品、研究、展览、开放等各项工作得以较快恢复，馆址几经搬迁，馆舍越建越好。到改革开放时期，广西博物馆事业得到了快速发展，1978年建成的陈列大楼成为当时全国十大博物馆建筑之一。1988年建成开放的民族文物苑（简称文物苑）坐落在广西博物馆旁侧，开创了广西博物馆“内外结合、动静相辅”的办馆特色。广西博物馆焕发出新的生机与活力，培育出广西自然博物馆、广西文物商店、广西民族博物馆、广西文物保护与考古研究所等新的文博单位。2008年广西博物馆向社会公众免费开放，并成为广西首家国家一级博物馆，是公众了解广西历史文化的重要平台和窗口。

2014—2024年，在习近平新时代中国特色社会主义思想的引领下，广西博物馆迎来崭新的发展时期，一系列卓越的标志性工程和重点工作描绘了宏伟画卷。

这十年，馆舍旧貌换新颜。2018年，广西博物馆改扩建项目正式动工，投资金额为3亿多元。历经四年艰苦奋斗，2022年11月28日，新馆落成并正式开放。馆舍面积由1.7万平方米扩大到3.2万多平方米。在改扩建过程中，广西博物馆秉持创新、协调、绿色、开放、共享的新发展理念，按照总体规划、分步实施的要求，正确处理传承与发展、形式与功能、整体与局部的关系，完成陈列大楼的改扩建和民族文物苑的升级。陈列大楼承袭壮族干栏式建筑的特点，端庄而灵动；民族文物苑保持浓郁的民族风情，秀美而活泼。馆舍集经典怀旧景观、休闲文化空间与现代科技设施于一体，成功创建为国家AAAA级旅游景区，成为热门文化旅游目的地，“城市会客厅”的金字招牌越擦越亮。

这十年，藏品管理保护日新月异。广西博物馆多管齐下，抢抓机遇，藏品征集量质齐升，藏品数量从4万余件（套）增加至近10万件（套），其中不乏珍贵文物。坚持保护第一，加强管理，科技赋能，同步推进藏品预防性保护和数字化保护，藏品存藏环境日趋改善，建成了文物环境监测中心和标准化的文物修复室，配备了多台高端精密检测分析仪器，青铜器、铁器、玉石器、陶瓷器和有机质文物的保护修复理念、技术、方法更加科学有效，不乏优秀案例。服务发展大局，回应民众呼声，履行社会责任，积极开展涉案文物鉴定和公益性民间收藏文物鉴定咨询工作。

这十年，科研工作硕果累累。广西博物馆保持在铜鼓、岩画、岩洞葬、壮锦等领域长期形成的研究优势，不断推出新的研究成果。依托丰富馆藏，开辟新的研究领域。史前文化、青铜文化、海丝文化、运河文化、土司文化、红色文化、书画艺术等领域的研究不断深入，特别是海丝文化的研究有多个项目被列为国家和自治区社科课题，研究成果获得各级各类多个奖项。文物科技保护、陈列展览、博物馆教育、综合管理等方面的研究也如火如荼，高质量的研究成果不断涌现，为博物馆各项业务的高质量开展奠定了坚实的基础。

这十年，陈列展览突飞猛进。“基本陈列+专题展览+特别展览+延伸展示”展览体系日臻完善，基本陈列和专题展览紧扣广西博物馆定位，以铸牢中华民族共同体意识为主线，对标精品展览，从多个角度诠释广西在中华文明多元一体格局中的发展之道。特别展览作为基本陈列和专题展览的有益补充，按照主题化、系列化、大众化、国际化的要求，常办常新。延伸展示作为常设展览的拓展，以更加灵活、更加时尚的方式满足各年龄段观众不同的观展需求。十年来，陈列展览不仅数量大幅提升，质量也实现了新的突破，2个展览获得全国博物馆陈列展览十大精品推介特别奖，2个展览入选“弘扬中华优秀传统文化、培育社会主义核心价值观”主题展览推介项目名单。

这十年，社会教育成效显著。广西博物馆立足馆内，走出馆外，服务观众数量逐年增长，节假日单日人流量更是屡创新高。针对观众结构日益多元化和观众需求的多样化，推出一系列形式多样、贴近实际的活动和服务项目，让每位观众都能获得舒适的参与体验。致力于打造社会教育品牌，“瓯骆学堂”“文化遗产周周学”“博物馆职业体验营”“小桂花志愿服务”“跟着博物馆游广西”“行走的广西博物馆”“广西博物馆奇妙夜”“红心向党大思政课”等项目深入人心，多个项目入选全国博物馆各类十佳案例。

这十年，数智赋能日益强劲。广西博物馆推进智慧博物馆建设，打造永不落幕的博物馆。搭建起智慧保护、智慧管理、智慧服务的基本框架。数据采集与应用取得实质性进展，正式上线运行基于中台技术建设的综合管理平台，提升了各项业务的效率和质量。做好藏品数字化保护，努力实现藏品全生命周期的数字化管理。推进协同智慧管理平台的建设，实现一站式数字化办公和业务协同管理。面向不同类型的观众提供参观前、参观中、参观后的线上和线下数字化、智能化服务，包括便捷预约、无感入馆、智慧导览、智能问答等。加快“云展览”项目建设，除所有常设实体展览均可云上观展外，还打造“鼓动八

桂　声震九州——广西古代铜鼓文化数字化陈列”，同步打造线下的沉浸式空间与线上的展示协同创新平台，既满足公众日益增长的个性化、沉浸式体验需求，又有力推进铜鼓文化的研究、传承、发展和文物科技创新。利用新媒体平台，上线“馆长说宝”“小桂花之声”等，“云教育”风生水起。

这十年，文旅融合深度推进。广西博物馆依托丰富的博物馆资源，积极探索跨界合作，紧盯文旅消费新趋势，不断推出更多符合游客需求的优质产品和服务。开发了数十个系列上百种上千款上万件的文创产品，不仅荣获各级各类奖项，销售额也节节攀升，让博物馆文化走进寻常百姓家；秉持“内外结合、动静相辅”的办馆特色，精心打造展览、演出、研学、市集等产品体系，让文物“活”起来、“潮”起来。广西博物馆以开启消费新场景、培育新业态和丰富消费新体验为途径，积极推进文旅深度融合。

回顾往昔，这十年，广西博物馆聚焦科研、业务等主责主业，加强人才队伍建设，深化改革，优化业务组合，调整内设机构，盘活人才资源，激发内部生机与活力，不断推进博物馆治理体系和治理能力现代化。

这十年，以人为本是最纯的本色。

这十年，创新是最亮的底色。

这十年，发展是最美的颜色。

展望未来，建设中国特色世界一流博物馆是广西博物馆所有员工的奋斗目标。我们要把博物馆事业搞好，将博物馆建设得更完善、更成体系，发挥好博物馆的教育功能。

路虽远，行则将至；事虽难，做则必成。

广西博物馆下一个十年一定更辉煌！

广西壮族自治区博物馆馆长 韦江

2024年5月1日

目录

上篇

第一章 谱写新篇

——改扩建项目回顾 003

一、未雨绸缪，改扩建项目的筹划 005

二、扎实推进，改扩建项目的实施 010

三、闪亮登场，改扩建的主要收获 017

第二章 党旗领航

——凝心聚力启新程 025

一、队伍建设抓在先 028

（一）党员队伍建设 028

（二）工青团妇工作 030

二、理论学习扎实做 031

三、党建引领促发展 036

（一）党风廉政建设 036

（二）主题党日活动 037

（三）意识形态工作 040

四、乡村振兴有担当 041

第三章 扎实研究
——多元发展新形态 043
一、图书出版 045
二、项目课题 048
三、研究论文 050

第四章 奋发有为
——藏品工作新发展 051
一、典藏博物，赓传文明 053
二、厘清现况，再开新篇 062
三、科学管理，守正创新 065
四、博采广纳，丰富馆藏 070
五、鉴定服务，文化惠民 074

第五章 十年磨炼
——陈列展览蝶变路 077
一、原创为本，奋楫笃行 079
（一）塑造书画展览品牌“丹青桂韵” 079
（二）受赠文物展览回馈社会 082
（三）各类主题展览精彩不绝 082
二、展览为媒，交流互鉴 087
（一）引进展览精彩纷呈 087
（二）输出展览联动发力 088
三、体系为舵，扬帆起航 093

第六章 用心服务

——教育讲解绘新章 103

一、教育品牌多元发展 106

（一）“瓯骆学堂”青少年历史文化公益课堂 106

（二）专家导赏，深度解读 108

（三）“文化遗产周周学”社会教育美育项目 109

（四）“跟着博物馆游广西”研学旅行项目 110

（五）“行走的广西博物馆”流动博物馆互动展示项目 112

（六）“广西博物馆奇妙夜”夜间文旅服务项目 114

（七）“大思政课”实践教学 115

二、讲解服务工作如花绽放 117

（一）坚守一线，自信自如 117

（二）提升专业能力，不断前行 117

（三）潜心磨砺，硕果累累 119

（四）以人为本，发展智能服务 122

（五）打造品牌，助力基层文博宣教发展 123

三、互动区域趣味文博 125

（一）青少年活动中心 125

（二）儿童考古探秘馆 125

（三）历史小剧场 126

四、“小桂花”香飘万家 127

第七章 科技助力

——保护修复启新程 129

一、基础建设飞跃发展 131

二、建设优质人才队伍 133

三、持续提高文保水平 135
（一）预防性保护全覆盖 135
（二）文物保护修复见成效 136
（三）科技应用促创新 141
（四）文保传承促发展 142

第八章 与时俱进
——信息化建设踏新阶 145
一、数字赋能智慧保护 147
（一）文物数字化保护 147
（二）馆藏照片及底片数字化保护 148
（三）档案数字化管理 149
（四）古籍数字化保护 150
二、信息融合智慧管理 151
（一）夯实基础规划架构 151
（二）系统集成高效协同 153
（三）数字资源共享共赢 153
（四）信息安全保障提升 154
三、数据驱动智慧服务 155
（一）新官网建设 155
（二）微门户建设 155
（三）数字化展陈 156
（四）新媒体矩阵 157

第九章 拥抱创意
——文物诠释添新意 159
一、守正创新，培育文创品牌 161
（一）深挖资源特色自主研发 161
（二）推动跨界合作实现共赢 164
二、多措并举，提升文创影响力 165
（一）举办丰富活动助推交流 165
（二）搭建创意空间共享成果 166
（三）举办文创市集链接生活 167
（四）打造综合体焕新升级 168
三、主动担当，积极履行社会责任 170
（一）文创扶贫与乡村振兴 170
（二）基地共建与人才培养 171
四、文化赋能，工作屡获殊荣 172

第十章 守卫安全
——保障服务高品质 173
一、安全保卫工作 175
（一）建章立制，助力场馆安全 175
（二）加强培训，注重队伍建设 177
（三）建立联动机制，注重风险防范 177
二、后勤保障工作 178
（一）发挥后勤作用，保障场馆运行 178
（二）绿色发展，节能减排 179

第十一章 群英荟萃
——队伍建设激活力 181
一、人才引育，固本强基 183
（一）靶向引才 183
（二）整体养才 183
（三）长远育才 186
二、用才工作深化发展 188
（一）人岗相适 188
（二）专才指引 189
（三）考核出才 189
三、留才服务紧密相随 190
（一）制度留人 190
（二）事业留人 190
（三）感情留人 191

下篇

大事记（2014年—2024年4月） 195

附录 271
广西壮族自治区博物馆获得重要奖项情况（2014—2024年） 272
广西壮族自治区博物馆接受捐赠文物名录（2014—2024年） 294
广西壮族自治区博物馆员工名录（2014—2024年） 303

后记 306

第一章

谱写新篇

——改扩建项目回顾

广西博物馆的改扩建项目是一项旨在更新和扩展原有设施以满足现代需求的宏大工程，是广西博物馆近十年来最为重要的一件大事。该项目经过多年讨论和研究，2014年，项目得到了自治区党委、政府的高度重视，确立了以财政专项投资为主的资金来源，并正式启动。2017年，项目可行性研究报告获得批复，明确了改扩建的具体规模和投资额度。2018年，项目进入实施阶段，建安工程、展览工程和开放工程同步协调推进。2022年11月，新馆竣工开放，标志着改扩建项目的成功完成。

改扩建后的广西博物馆不仅在建筑和功能上实现了提升，更在展览内容和形式上展现了创新和特色，成功打造了“1+7+4+N”的展陈体系。此外，广西博物馆还成功创建为国家AAAA级旅游景区，为公众提供了更完善的服务和设施。

通过改扩建项目，广西博物馆培养了一支专业的团队，为未来的高质量发展奠定了基础，同时也为公众提供了一个集教育、休闲和文化交流于一体的现代化综合性博物馆。

一、未雨绸缪，改扩建项目的筹划

广西博物馆现有馆址馆舍是1978年至1988年相继建成使用的，1978年建成的陈列大楼成为当时全国十大博物馆建筑之一，1988年建成开放的民族文物苑开创了“内外结合、动静相辅”的办馆特色。20世纪90年代以后，全国各个省级博物馆相继进行新馆的建设，涌现出了一大批体量巨大、功能完备、设施先进、服务优质、特色鲜明的省级综合性博物馆。在这股博物馆建设的热潮中，广西根据自身的资源禀赋和特点特色，走出了一条“从博向专，由专变强，多强并进”的发展道路，广西自然博物馆、广西文物商店、广西民族博物馆、广西文物保护与考古研究所等则相继从广西博物馆分离出来，成为新的文博单位，广西文博事业的发展相对均衡，相关文博单位呈现出良性竞争、优势互补、循序渐进、协同发展的良好态势。

2008年，广西博物馆向社会公众免费开放并成为广西首家国家一级博物馆，是公众了解广西历史文化的重要平台和窗口，但是，经过三十年的运行，广西博物馆的软硬件已经不能满足时代发展的需求，在西部及全国其他省级博物馆行列中较为落后，难以继续发挥“广西文化的窗口和城市名片”的作用，新建或改扩建势在必行。

广西博物馆的新建或改扩建筹划历时多年，在进行广西民族博物馆筹建的同时，就提出了根据两馆的不同发展定位，要对广西博物馆的民族文物苑进行改造的设想。2008年，广西民族博物馆建成开放，广西博物馆的新建或改扩建也提上了议程，从博物馆在推动、在凝聚共识的层面，进入到更高决策层级的层面。那么，是要新建还是要改扩建？如新建，是异地新建还是原地重建？如改扩建，又如何改，如何扩？针对这些问题，主要有3种观点。第一种观点认为，异地新建是最优方案。该观点认为博物馆现有地块太小，新建现代化的博物馆受限多，但其位置绝佳，更适合开发地产、商业项目，如此，既能实现经济效益最大化，又能帮助博物馆在非市中心置换到更大的地块，建设更大的博物馆。第二种观点认为，博物馆应该在原地重建。理由有三：一是要保持城市发展的文脉，博物馆在这里已经屹立了三十年，现在又与广西人民大会堂遥相呼应，承载了广西各族人民的城市记忆和精神寄托，要尊重历史，留住“乡愁”；二是要更好地实现公共文化服务机构的职能，公平、便利、均等地满足人民群众对公共文化服务的需求，如果位置不好、交通不便，再高大上的博物馆也难以发挥其效能；三是要满足博物馆的功能需求，同时能更好地控制投资规模和建筑质量、施工进度等。第三种观点认为，博物馆应该原地改扩建。理由跟第二种观点接近，并强调要保留原有建筑风貌和已有特色，通过加固和改造原建筑，使其满足现代博物馆的功能需求，扩建部分要与原建筑合二为一，共同构成一个新的整体。除了这3种主要观点，还有其他观点，如：跟其他场馆整体置换，扩大博物馆的面积；局部改造，提高博物馆的使用效能；保持原样，整合资源，执行总分馆制等。经过广泛的调研和讨论，2010年4月，自治区文化厅分管领导主持召开了广西博物馆改扩建座谈会，明确了广西博物馆改扩建的方向、原则、目标、路径，分析了面临的主要问题和困难，提出了具体的工作要求。此后，广西博物馆按照改扩建工程建设的一般规律，结合广西博物馆的实际情况，通过“走出去”“请进来”的方式，就改扩建涉及的建安、展陈、开放运营等方面进行了广泛深入的调查研究，提出了改扩建展陈思路框架、各功能区的建设、建筑概念性设计、资金筹措、工作机构组建等一系列的方案。

陈列展览是整个改扩建项目的核心任务之一。2010年，广西博物馆规划的展陈体系是1个基本陈列、10个专题展览和多个临时展览，所需展陈面积1.7万平方米。由于投资受限，建设规模不断“瘦身”，2019年审查通过的初步设计方案里，在满足其他基本功能需求后，可用的展陈面积不到1.1万平方米。随着研究的深入和认识的提高，必须对展陈体系进行进一步调整完善。不管如何调整，广西博物馆始终坚持展陈体系要围绕历史、艺术类综合性省级博物馆的定位，结合馆藏文物，遵循主题性、时代性、整体性、丰富性等原则，充分体现广西的地域特征、历史特点和民族特色及现代艺术气息，力求达到以下目标：一是使广西博物馆成为广西历史文化展示中心。陈列展览反映了广西历史发展脉络，是观众学习历史、欣赏艺术、陶冶情操、愉悦身心的理想场所。通过陈列展览，既有助于本地观众从中获得文化自信，也有助于外地游客正确

改扩建前的广西博物馆建筑外观

地认识广西，了解广西悠久灿烂的历史文化。同时，陈列展览也是广西历史文化研究的基地，以及社会公众尤其是青少年学习历史文化的重要场所。二是使广西博物馆成为爱国主义教育基地。通过实施陈列展览，弘扬社会主义核心价值观，激发观众的爱国热情、培育民族精神；吸收运用中华文明探源工程及海上丝绸之路文化最新考古发现和学术研究成果，助推广西铸牢中华民族共同体意识示范区的建设。三是使广西博物馆成为文旅融合示范点。提升陈列展览的艺术性、鉴赏性、互动性、体验性，加大展览延伸产品的研发，满足观众的游购娱需要，融入A级旅游景区管理规范，促进文旅深度融合。四是使广西博物馆成为面向东盟的文化交流平台。发挥广西面向东盟的前沿和窗口作用，打造面向东盟的区域国际化博物馆，使广西博物馆成为学术研究和文化交流的国际化平台，为构建更加紧密的中国—东盟命运共同体作出贡献。

2011年至2013年，广西博物馆先后与广西文化产业投资集团有限公司、广西旅游投资集团有限公司等企业就投资模式和改扩建方案进行反复研究讨论，面向社会征集概念性设计方案，邀请各方面专家对入围的设计方案进行论证。其间，因资金的筹措问题，建设的内容和规模以及投资方式一直在不断调整，加上人事的更迭，改扩建工作的推进可谓是步履维艰。

2014年，在自治区党委、政府的高度重视下，在各级主管部门的大力支持下，明确了广西博物馆项目建设的内容为原址改建老建筑和扩建新建筑，建设资金来源以财政专项投资为主。当年10月，时任自治区主席陈武在《广西壮族自治区文化厅关于广西壮族自治区博物馆改扩建的请示》上作出“按项目程序走，请区发展改革委组织研究论证”的批示。至此，广西博物馆改扩建正式进入了自治区党委、政府的工作议程。

2015年至2016年，广西博物馆的改扩建项目前期工作取得了重大进展。时任自治区党委书记彭清华、自治区主席陈武在不同场合多次明确要求加快推进广西博物馆改扩建工作。在自治区文化厅、发展改革委、财政厅的大力支持下，2015年3月，广西博物馆完成了改扩建项目建议书的编制并通过相关初审。此后，根据有关方面的意见和建议，对功能定位、建设规模、展陈内容等进行深入研究和完善。2016年8月，广西博物馆改扩建项目建议书获得自治区发展改革委项目立项批复，明确了建设内容和投资规模以及资金来源。广西博物馆立即按照相关要求开展可行性研究报告的编制和节能评估、社会稳定风险评估、控规指标评估等工作。

2017年4月，习近平总书记在视察合浦汉代文化博物馆时强调，中华民族历史悠久，中华文明源远流长，中华文化博大精深，一个博物馆就是一所大学校。博物馆建设要注重特色，要让文物说话，让历史说话，让文化说话。要加强文物保护和利用，加强历史研究和传承，使中华优秀传统文化不断发扬光大。要增强文化自信，在传承中华优秀传统文化基础上发展社会主义先进文化，加快建设社会主义文化强国。这为广西博物馆改扩建提供了强大动力和根本遵循，使整个工作进入了快车道。

2017年7月，广西博物馆改扩建项目可行性研究报告获自治区发展改革委正式批复，明确了该项目仅对陈列大楼进行改扩建，其中，改建面积17370平方米，扩建面积15900平方米，项目总投资31991.83万元（其中，工程建设费用21911.83万元，陈列布展费用10080万元）。改建与新建部分均为4层，两部分的各层楼面持平，新旧无缝连接。

改扩建设计力图实现地域性、民族性、现代化、实用性相统一，提升博物馆的展示、教育、收藏、服务等功能，使内部空间的布局使用更为合理、高效、安全。

2017年12月，广西博物馆改扩建项目以可行性研究报告批复为基础，按照工程总承包模式，完成了建安工程设计施工一体化的招投标工作，确定了设计和施工单位。同时，由博物馆展陈团队对展陈项目继续进行内容深化研究设计，展览形式设计及制作另行招标采购。

2018年6月，建安工程总承包合同正式签订。广西博物馆开始拆除原有展览，正式闭馆谢客。此后，完成临时办公场地的装修和搬迁工作，整个陈列大楼移交施工单位，改扩建的筹划工作告一段落，进入了实施阶段。

在筹划阶段，对开放工程，即建成后开放运营所需的其他附属设施设备以及相应的人员、运行经费基本没有进行深入研究论证，也没有形成具体的方案，其原因主要有：一是担心投入增多，影响项目的立项开工建设；二是建安工程、展览工程和开放工程的建设内容存在交集，还不能完全界定归属；三是对总承包模式的建设内容和方式的认识还不够清晰、明确。

二、扎实推进，改扩建项目的实施

改扩建项目的实施按建安工程、展览工程、开放工程三大块整体协调推进。

建安工程采用总承包模式进行建设，工程建设联合体中标后，立即开展详细的地质勘查和设计工作，同时，进场开展“三通一平”工作。设计是按照原建筑改建，新建筑原址扩建的原则进行的，面临的主要挑战是在遵循可研批复确定的投资规模、建设内容的基础上，既要保持传统，又要充满现代气息，还要满足规范要求，在建筑形式、功能布局、经费分配上颇费心思，特别是改建部分，留哪些，改哪些，如何留，如何改，需要审慎衡量。从经济的角度来看，修复远比拆掉更费钱，也更费心血，但是广西博物馆这栋建筑在城市中的变迁价值和文化意义是无法代替的，简单的迁建或推倒重建将导致城市文化特色的缺失，因此，对旧建筑应该更多地从文化角度来衡量。经反复论证，最终决定原有的陈列大楼基本样式必须保留，外立面通过现代的科技手段进行翻新，内部空间按现行规范做加固处理。如此一来，在延续传统的基础上又有了创新。

与此同时，改扩建项目还特别强调“同步”问题，即建安工程与展览工程、开放工程同步推进。一是建筑设计与展览策划同步。新馆的建筑设计尽量根据展陈需要来规划安排相关的功能区布局，避免布展时的大拆大建。同时，展览形式设计制作与建筑建设、装修同步，保持总体基调和氛围的协调统一，保持消防、技防等标准的统一，避免重复建设。二是建筑设计施工与开放运营同步。在建筑设计阶段，从人流、物流、信息流等角度，充分考虑各个功能区在今后的开放运营所需的硬件条件，确保实用、好用。三是展览工程与开放工程的实施同步。主要是工程设施设备的配置与管理系统，如展厅环境监测、多媒体布设与管理系统等同步谋划与实施，确保项目建设安全、顺畅、高效运行。

2018年12月，建筑单体总平方案与夜景亮化方案获得南宁市规划局组织的艺术专审批复同意，整个设计的总方向、

2019年1月，广西博物馆举行改扩建项目奠基仪式

总基调定了下来。2019年1月，正式举行改扩建项目奠基仪式。2019年3月，初步设计完成编制并通过自治区工程咨询中心的审查。5月，设计单位完成改扩建项目图纸设计工作并获南宁市自然资源局审批通过，获得南宁市自然资源局签发的“工程规划许可证”，明确了项目建设范围红线区域及建设面积等重要数据。9月，改扩建项目获得“施工许可证”和“城镇污水排入排水管网许可证”，项目设计图纸同步通过南宁市行政审批局组织的消防抽查等，获得南宁市行政审批局签发的“施工许可证”。12月底，平面布局方案已完成大致架构，室内装饰方案也确定基调。至此，勘察设计基本完成，进入大规模施工阶段。

2019年1月举行改扩建项目奠基仪式后，施工主要集中在旧建筑原有设施设备的拆除和新建筑场地的“三通一平”上。受广西文物商店建筑拆除评估工作滞后的影响，陈列大楼的施工始终不能大规模展开，再加上旧建筑改建成本核算标准的缺失以及项目建设资金到位不足等因素，整个施工进度受到较大影响。一年时间，仅完成陈列大楼改建区域原有装饰面、地面与砖面全部拆除工作，以及新建区域肥槽回填、地梁与一层底板垫层等基础施工工作。

2020年新年伊始，新冠疫情蔓延，更加影响工程建设进度。面对困难，广西博物馆不等不靠，主动作为。一方面，与总承包单位积极沟通协调，克服资金短缺等困难，攻克技术难关，确保施工不停滞；另一方面，用好“推进广西博物馆改扩建”连续两年列入自治区政府工作报告的契机，及时如实向上级部门反映项目的进展情况及遇到的困难，提出合理可行的建议意见，奋力推进项目的建设。5月，自治区发展改革委对土建及安装工程初步设计进行了批复。批复文件中明确了项目建设规模及内容，改扩建总建筑面积为33262.11平方米，其中，改造建筑面积18913.94平方米，新建建筑面积14348.17平方米。同时对工程设计方案、投资概算和资金筹措等事项作出批复。9月，落实了4500万元项目建设资金。12月，完成了广西文物商店藏品的搬迁、人员的安置及建筑拆迁手续的办理。这一年，还完成了项目平面功能布局、室内装饰和智能工程与安全技防等方案的编制与论证、评审、定稿工作。

2020年，根据建筑规模和空间布局，广西博物馆对展陈体系进行了调整充实，进一步厘清基本陈列、专题展览、互动项目以及临时展览的内在逻辑关系，使整个展览主题内容更加贴合本馆的定位和使命任务，更加符合新时代的要求。

2019年10月，广西博物馆旧建筑拆改

2019年11月，广西博物馆新建筑场地施工

广西博物馆紧密围绕铸牢中华民族共同体意识这条主线，以满足人民对美好生活的需要、扩大中华文化的传播力和影响力为出发点和落脚点，确定了1个基本陈列为“八桂春秋——广西历史陈列”，7个专题陈列分别为“合浦启航——广西汉代海上丝绸之路”“釉彩斑斓——馆藏瓷器陈列”“匠心器韵——馆藏工艺珍品陈列”“图会前贤——馆藏明清文人书画作品陈列”“万卷·书生——馆藏古籍陈列”“亦器亦趣——馆藏文房用具陈列”“鼓动八桂　声震九州——广西古代文化铜鼓数字化陈列”，4个互动体验展览项目分别为公共考古展示（儿童考古探秘馆）、广西历史剧展演（历史小剧场）、文创空间、青少年活动中心。此外，确定了2个临时展厅用于策划实施铸牢中华民族共同体意识、红色历史文化、文明交流互鉴、艺术创作等主题展览。这是一个系统的、立体的、相辅相成的展陈体系，广西博物馆按调整后的展陈体系，完善内容设计方案并报送上级部门审核。同时，调整完善了改扩建展览工程项目工作领导小组，由馆长任组长，负责统筹新馆展陈全局，协调各方工作，下设基本陈列工作组、专题展览工作组、展览互动区域工作组、临时展览工作组等，组建了1个包括各专业领域、结构合理、高效运转的团队，确保了改扩建展览工程项目有序、高效、

2020年6月，广西博物馆新建筑楼体施工

高质量、安全推进。

按照同步的原则，广西博物馆在系统梳理建安工程和展览工程的建设内容的基础上，对开放工程的建设内容进行了广泛深入的调研，提出了包括文物保护修复室、临时展览文物周转库房、展出文物环境监测设施设备、馆藏文献公共阅览室及书库、古籍书库、档案室、多媒体影音制作室、党建活动室（新时代文明实践站）、办公用房、游客中心（综合服务大厅）、贵宾接待室、游客安全检查及救护、室内绿植及卫生保洁、休闲及博物馆纪念品售卖、游客票务预约融媒体服务平台、宣传出版、国家AAAA级旅游景区标识系统等17个方面的附属设施设备建设项目，这些均是广西博物馆新馆建成开放后业务开展、安全保障、观众服务等所必需的。

2021年，是项目建设关键之年。

5月17日上午，时任自治区党委书记、自治区人大常委会主任鹿心社到广西博物馆调研。在实地察看改扩建工程建设进展，听取广西博物馆文物收藏保护情况汇报后，鹿心社强调，广西博物馆是广西文化建设的一大品牌和重要窗口，自治区文化和旅游厅等部门要抓紧梳理研究解决当前存在的问题，加快推进项目建设，高质量完成建设任务，争取早日建成开放，为人民群众提供优质高效的公共文化服务。要深度挖掘广西人文历史文化，着力打造特色文化品牌，突出创新创意，彰显广西特色，讲好广西故事，展现桂风壮韵，为党的二十大的召开增光添彩。此后，相关职能部门和党委、政府分管领导多次到项目现场调研指导，听取汇报，解决问题，极大地促进了建安工程、展览工程、开放工程所需资金的落实和验收等工作的推进。

建安工程在完成广西文物商店的拆迁，攻克大面积老建筑加固改造的设计施工难题，经费得到保障后，施工进度明显加快。2021年底，新建与改建区域均完成封顶并通过主体验收，外立面装饰施工完成进度超过百分之八十，并同步开展室内空调、电气、照明等设备与机械安装工作。

展览工程按照自治区主要领导的指示要求逐步推进。在自治区文化和旅游厅党组的领导下，广西博物馆对展览内容进行再修改、再论证、再完善。其中，基本陈列内容方案的修改幅度比较大，对结构、内容、标题等，从政治性、思想性、学术性、知识性、艺术性等方面进行反复论证，听取各方面的意见建议，有的内容直到进场制作还在调整完善。在施工方面，策展团队则遇到了前所未有的挑战。在改扩建项目经费的落实过程中，有关方面提出，整个项

2021年6月，广西博物馆新建筑封顶

目包括建安工程、展览工程、开放工程都要进行财政投资预算评审后才能继续拨付经费。对此，建安工程相对好办，因为工程的设计单位、施工单位和全过程咨询单位都已到位，2021年8月就将评审材料提交到自治区财政厅财政投资评审中心，对工程的进度没有产生大的影响。但是，对于展览工程和开放工程而言，已有的材料与财政投资评审的要求还差得很远，要保证项目按期建成开放，还要遵循“先财评后招标”的要求，面临的困难是前所未有的。

2021年7月至9月，广西博物馆秉持办法总比困难多的决心，逐项攻克各项难题，完成了展览形式设计方案征集遴选工作和17个开放工程建设方案编制，按照财政投资评审要求进行多次修改完善，终于在国庆节放假前一天，将评审材料报送自治区财政厅财政投资评审中心进行审核。此后，按评审流程，多次组织专家团队与评审中心进行现场沟通、核对、审议。2021年12月26日，自治区财政厅财政投资评审中心下达了开放工程（其他附属设施设备）项目支出预算评审报告，核定概预算金额为4902.74万元。2022年3月21日，自治区财政厅财政投资评审中心下达了展览工程项目支出预算评审报告，核定概预算金额为8725.83万元。2023年2月20日，自治区财政厅财政投资评审中心下达改扩建项目工程总承包施工图预算评审结论，审定18546.65万元作为同口径工程竣工结算的依据。

2022年是项目建设的决胜之年。

2月，项目建筑主体区域完成外架拆除工作，项目整体形象工作取得突破性进展。

3月，完成了开放工程大部分项目的招标工作，施工单位陆续进场。

4月，完成展览形式深化设计与施工招标。文物展品的借用、仿复制、拓印、保护保养、数字化等工作也紧锣密鼓开展起来。因为经费和展览档期的安排等原因，有4个专题展览不在此次的招标范围，延后一年完成。

5月，建筑外立面装饰施工基本完成，室内装饰装修整体进度过半，室外总平施工正式启动，安装及智能化等专业配合土建及施工进度同步进行。展览中标单位全部进场。

此后，建安工程、展览工程、开放工程同步交叉施工，倒排工期，挂图作战，在确保安全、质量的前提下，加班加点推进各项工程建设。

6月17日，广西博物馆举行“党旗领航　决战100天　我们在行动”誓师动员会。全馆干部职工和所有参建单位都动员起来，心往一处想，劲往一处使，决心在党旗的指引下，奋力夺取全面胜利。

8月，项目设备安装工作基本完成，水电正式接入市政网路，并同步开展设备试运行及调试等前期筹备工作。

9月，项目全部建设工作基本完成，并通过南宁市住建局组织的竣工验收，沿街围挡正式拆除，广西博物馆全新形象得以全面展现。“广西古代文明陈列”“烽火南疆——广西近现代革命史陈列”“合浦启航——广西汉代海上丝绸之路”“釉彩斑斓——馆藏瓷器陈列”“匠心器韵——馆藏工艺珍品陈列”等5个常设展览以及“三秦华章　光耀四方——陕西周秦汉唐文物精品展”“南方诗意——广西油画风景精品邀请展”“我们这十年（2012—2022年）——新时代广西文化旅游发展成就图片展”等3个临时展览完成了布展。4个互动项目也完成了制作，其中，广西博物馆文创商店在9月28日开始试营业，率先亮相。

10月，项目通过自治区国土资源厅组织的规划验收。

11月，项目通过南宁市住建局组织的消防验收。至此，广西博物馆改扩建项目全部建设工作正式完成，并通过全部验收，改扩建项目的实施取得了决定性的胜利。

三、闪亮登场，改扩建的主要收获

2022年11月28日，广西博物馆新馆开馆仪式隆重举行。自治区党委书记、自治区人大常委会主任刘宁出席开馆仪式并宣布开馆，自治区党委副书记、自治区主席蓝天立，自治区政协主席孙大伟等出席开馆仪式，国家文物局党组副书记、副局长顾玉才发表视频致辞。当天，还举行了广西博物馆国家AAAA级旅游景区揭牌仪式、铸牢中华民族共同体意识视域下的新时代博物馆事业高质量发展论坛、广西博物馆文创市集、“广西博物馆之夜”等活动。

经过数年的艰苦努力，广西博物馆真正实现了旧貌换新颜，各方面收获良多。

建安工程方面，一栋既有“面子”

广西博物馆新馆陈列大楼南门

以壮锦“四凤朝阳”为主题的暗刻浮雕

老建筑中的大王椰壁画与新建筑装饰融为一体

又有“里子”、既传统又现代的综合陈列大楼呈现在人们眼前，从功能区的设置到设备设施的配置，都实现了新的提升。

首先在总体规划和建筑设计上，坚持以人为本，守正创新。比如，广西博物馆把观众入口设置在距离地铁口、公交车站最近的地方，且处于陈列大楼与民族文物苑的接合部，既方便观众到达，又强化绿色出行理念，还有效地向公众传递了“内外结合、动静相辅、有声有色、有滋有味”的办馆特色。又比如，在建筑外观设计和内部景观的取舍上，既守正又创新，保留原有壮族干栏式建筑特点和室内色彩艳丽的大王椰和木棉树壁画以及采光天井，更换外墙与幕墙的材质与样式，新建部分则以老建筑为蓝本，运用了异质同构的手法，将旧建筑符号，如刀片遮阳板、镶嵌的壮锦图案，运用到新建筑上。新旧建筑的立面上则通过实墙与玻璃幕墙的比例变化形成由虚到实的过渡效果，整栋大楼的四面转角上通过艺术再加工的方式，各增设一排以壮锦“四凤朝阳”为主题的暗刻浮雕，以一种低调的手法强调了博物馆的广西特色，保持了新旧建筑的空间与风格的连贯性。在以独特的方式向旧建筑致敬的同时，利用建筑原有的历史底蕴唤起参观者的参与感，延续了整栋建筑的历史文脉，保留了城市的记忆。

博物馆建筑作为城市文化的一部分，不仅铭刻着历史，也承担着传承文明、弘扬文化的使命，而广西博物馆的改扩建则兼具传统文化和现代文化的特色。广西博物馆选择改扩建，是基于整个区域的肌理和历史文脉考虑的温和改良。

与其他新建建筑不同的是，广西博物馆原有的建筑是有“记忆”的建筑，虽然年久，但并未失修，改扩建的过程中要考虑到原有建筑的结构、空间、造型乃至文脉的延续，可以说，这是一项约束性很强的设计创造工程，对参建各方提出了挑战与考验。而参建各方克服了重重困难，将一座有着辉煌历史的旧建筑赋予新生，将一座极具文化魅力的建筑艺术品展现在大众面前。

其次在功能分区和设施设备上，坚持以人为本，守正创新。比如，广西博物馆坚持“把空间还给观众”，在博物馆的空间布局中设置了大量的交流空间，新增加了历史小剧场、儿童考古探秘馆、青少年活动中心、文创空间（商店）、公共阅览室、露天花园等功能区，将休闲、互动、社交的需求融入布局中，配置了现代化的运输系统、空调新风系统、消防技防系统、强弱电系统等。又比如，为了让游客感到更舒适，对整个展览空间进行重新布设，对展览流线进行新的组织设计，彻底改变了原来封闭的建筑空间布局，使整个空间流动起来。

展览工程方面，搭建了一个符合广西博物馆定位的有特色的展陈体系，高质高效完成了所有展陈项目的布展开放，打造了高质量的文化产品，为公众提供了高质量的文化服务。

展陈实现了3个突破。一是突破了

新旧建筑融合的广西博物馆

“先财评后招标”时间紧的难题。面对新情况、新要求，项目各有关部门集思广益，共同努力，攻坚克难，实现了既定目标，确保了如期开馆。二是突破了经费的限制。在每平米预算不足8000元、展厅全毛坯的情况下，精打细算，使用绿色环保的材料和安全、高效、节能的设施设备，设计出令人耳目一新的重点展项，保证了展览的质量。三是突破了受众面的局限，实现了为全龄段观众服务的目标。建设儿童考古探秘馆，为低龄儿童提供观展启蒙；为青少年设计“瓯骆人的智慧锦囊”系列课程；创作、排演《梦见瓯骆》多媒体舞台剧，举办“瓯骆讲堂”海丝主题系列讲座；编写文物儿童歌谣，后被编入广西幼儿教材。

展陈表现出了9个特点。一是坚决落实习近平总书记的系列重要讲话和重要指示精神。2017年4月，习近平总书记到广西考察调研时指出：博物馆建设不要“千馆一面”，不要追求形式上的大而全，展出的内容要突出特色。2021年4月，习近平总书记再次来到广西视察时指出：广西是全国民族团结进步示范区，要继续发挥好示范带动作用。广西博物馆牢记习近平总书记的殷殷嘱托，并将习近平总书记的指示精神坚决贯彻、落实到新馆陈列展览的策划、实施全过程。二是充分吸收考古新发现和学术研究新成果。政治站位高，展览定位新。从中华民族多元一体的视角，消化吸收中华文明探源工程及海上丝绸之路文化最新考古发现和学术研究成果，展览内容体系完整、展品具有特色，实现学术性和普及性相统一。三是系统地展现广西古代文明的特色。“广西古代文明陈列”是广西博物馆建馆以来的第一个通史陈列，也是第一个全面展示广西古代文明的基本陈列。该陈列突破传统通史陈列单一线性描述的限制，做到点、线、面深度扩展，并提炼广西通史内容中的“广西汉代海上丝绸之路”单独成展，突出广西海丝文化特色。四是以较少的经费实现极佳的展示效果。在预算较少的情况下，重视形式设计的守正创新，合理规划使用各展项经费，力保文物安全和展示效果良好。全部展柜使用低反射玻璃等经济环保材料，多媒体等辅助项目的设置恰到好处。五是实施严格的工艺制作与文物保护措施。严格遵循国家及行业标准进行展览制作，以高水平、高规格的工艺品质助力展览效果的呈现，以科学化、系统化的文保手段确保文物的安全展示。六是采用灵活多样的呈现方式。综合运用“文物展品+知识图谱+科技类辅助展品+艺术类辅助展品”等方式重点打造大石铲、花山岩画、铜鼓、海丝文化等展项。延伸创作、排演《梦见瓯骆》多媒体舞台剧，动静、虚实相结合，提升公众对展览主题思想的理解和体验。七是开展多元的社教服务。广西博物馆新馆基本陈列致力于为公众提供有温度、有深度、有高度、有趣味的观展体验，通过创新“线上+线下”的宣传教育模式，为参观者带来沉浸式、参与性强的体验。2022年广西博物馆入选全国网络人气最高十大“省博”第四位，并长期占据自治区文化和旅游厅直属单位新媒体综合传播力指数第一名的位置。八是打造富有特色的博物馆公园。秉持“内外结合、动静相辅、有声有色、有滋有味”的办馆理念，与新馆开放同步建成国家AAAA级旅游景区。馆苑结合，既可室内观展体验，也可室外休闲娱乐，欣赏民族建筑，观看民族风情表演，品味特色美食。九是打造接地气的“朋友圈”。新馆开放后，广西博物馆馆苑结合的文化品味和烟火气，吸引了大量广西乃至全国各地的游客前来参观，来自东盟国家的观众也很多。通过打造展览大IP和网红打卡地，实现大流量带来大“留”量。

广西博物馆改扩建后的展陈体系得到了社会各界的广泛好评。2个展览荣获全国博物馆十大陈列展览精品特别奖，2个展览入选“弘扬中华优秀传统文化、培育社会主义核心价值观”主题展览推介项目名单。其中“广西古代文明陈列”是广西博物馆建馆以来第一个全面展示广西古代文明演变进程的基本陈列，“合浦启航——广西汉代海上丝绸之路”是国内首个以汉代海上丝绸之路为主题的常设展览。“图会前贤——馆藏明清文人画家作品陈列”“亦器亦趣——馆藏文房用具陈列”“万卷·书生——馆藏古籍陈列”3个展览以“文人”精神铸魂，以“无边界”目标塑骨，打造“大主题”展览。“鼓动八桂　声震九州——广西古代铜鼓文化数字化陈列”是国内外首个铜鼓专题的数字化展厅，打造了铜鼓文化线上协同创新平台与线下沉浸式体验相结合的展览。

开放工程方面，在软硬件上，为广西博物馆的科研、业务、服务、管理的高质量发展打下了良好的基础，实现了新的突破。

首先是成功创建了国家AAAA级旅游景区。完成了民族文物苑的改造，道路、建筑、景观、环境、文化内涵都有了很大的提升，与室内的展陈体系以及其他空间形成了有效连接，在游购娱上为游客提供了更好的产品和服务，助力广西博物馆成为满足人民群众美好生活的时尚打卡地和热门文化旅游目的地。特别是对标对表国家AAAA级旅游景区标准，系统梳理了一套管理制度、规范，向博物馆治理体系和治理能力现代化迈出了坚实一步。

其次是完成了公共阅览室、游客服务中心、贵宾接待室、学术报告厅、多功能厅、古籍书库、文物保护修复实验室、摄影室、多媒体影音室、档案室、会议室和办公室等服务和业务用房的装修提升及设施设备的添置，极大地拓展了博物馆服务及业务空间。比如，新打造的瓯骆书房立足馆藏资源专业化、特色化建设，提供了以博物馆、文物考古为主题，涉及文化、历史、教育的特色馆藏资源，通过“图书流动服务合作共建点”“广西壮族自治区史志馆联盟”“典映中华——广西各民族古籍整理出版成果展阅区”等项目的实施，致力于挖掘、整理和研究广西的民族文化遗产。比如，文物科技保护中心的建成，使广西博物馆在文物科技分析、保护研究设备方面居于广西区内领先水平。通过提升现代科技分析手段，强化了文物保护修复能力，同时能够支撑开展文物保护修复技术及文物科学研究的攻关，将带动广西各文博单位文物保护技术的发展。

最后是正式上线运行基于中台技术建设的综合管理平台。包括协同办公（OA）、藏品管理、参观预约、活动预约、讲解员管理、志愿者管理、门户管

民族文物苑风雨桥

民族文物苑主广场

理、数字资产、知识图谱、管理驾驶舱等系统，提升了各项业务的效率和质量。完善和升级数智基础设施，增强民族文物苑等室外场所与陈列大楼的无线网络覆盖；新增票务闸机系统，方便观众入馆；增加AR（增强现实）导览设备和观众电子留言设备，提升观众体验感；建设公共区域多媒体设备的智能中控系统，实现设备和内容的统一管理；增加文物保存环境检测系统设备，实现信息共享和指挥调度。完成常设展览线上展示平台的深化设计与实施。完成协同办公系统升级，将内控管理工作贯穿博物馆智慧化建设的全过程，为博物馆运营管理水平的提升持续赋能。

此外，改扩建项目还培养了一批各方面的行家里手。无论是建安工程、开放工程还是展览工程，在管理、科研、藏品、文保、展览、教育、宣传、文创等方面都培养和塑造了一支特别能战斗的队伍，他们有强烈的使命担当，有先进的发展理念，有团结奋斗的精神，有统筹谋划的能力，有真抓实干的本领，这支经过重大项目考验洗礼的队伍，是广西博物馆未来高质量发展的力量源泉、希望所在！

瓯骆书房

文物科技保护中心金属文物保护修复室

第二章

党旗领航

——凝心聚力启新程

从1958年12月发展了第一名党员到1987年5月建立党总支，再到2019年8月成立了党委、纪委，广西博物馆栉风沐雨，一路走来，经历了党组织不断发展壮大的历程。2024年4月统计，广西博物馆有党员79名，其中在职党员43名，离退休党员36名。2014—2024年，广西博物馆党员人数从66人增加到79人，队伍逐步壮大。为了更好地对党员进行管理，2019年12月，广西博物馆成立了党群工作部。广西博物馆的在职党员分布于馆内各部门，他们充分发挥先锋模范作用，狠抓工作落实；党委每年派党员参加纪检干部培训班、党务干部培训班等；离退休党员也积极发挥“传、帮、带”作用，助力在职党员提高各项技能。多管齐下，有效地实现了党建和业务工作同向同行、同频共振。

2024年，随着内设机构改革的完成，广西博物馆党建工作也随之迈上新的台阶。广西博物馆以习近平新时代中国特色社会主义思想为指导，以党的政治建设为统领，认真贯彻执行党中央、自治区党委、自治区人民政府和自治区文化和旅游厅党组的决策部署，扎实开展各项党建工作。党旗领航，凝心聚力，为推动广西博物馆各项工作进一步发展提供了坚强组织保证。

2019年12月30日，广西博物馆召开党员大会，选举产生第一届党委委员、纪委委员

一、队伍建设抓在先

（一）党员队伍建设

广西博物馆十分重视党员队伍建设，注重提高党员素质能力。2014—2024年，获评区直文化旅游系统年度优秀共产党员的达30人次，获评区直文化旅游系统2022—2023年度“优秀党务工作者”的达12人次，馆内各级党组织4次获评区直文化旅游系统年度“先进基层党组织”。

在日常工作中，广西博物馆充分发挥党支部的战斗堡垒和党员的先锋模范作用。新冠疫情防控期间，党员带头坚守岗位、头捐资捐物助力抗疫，积极投身到志愿者服务和无偿献血活动中，以实际行动践行共产党人的初心和使命。2022年新馆开馆之后，在新馆大厅设置了党员先锋岗，做好观众服务工作，让党旗在一线高高飘扬。

2014—2024年，广西博物馆各级党组织获得过的荣誉

2021 年 3 月 5 日，广西博物馆“小桂花”党员志愿者服务团队参加学雷锋志愿服务联展活动

党员带头在节假日为观众服务

（二）工青团妇工作

广西博物馆党委抓好工青团妇工作，增强党组织的号召力和凝聚力。组织青年职工和团干部参加区直机关“青年大学习”系列讲座，不断拓展知识面。组织开展形式多样的群众文娱活动，如馆内迎春游园会、迎春摄影比赛、气排球比赛、健身徒步等，营造和谐的工作氛围。

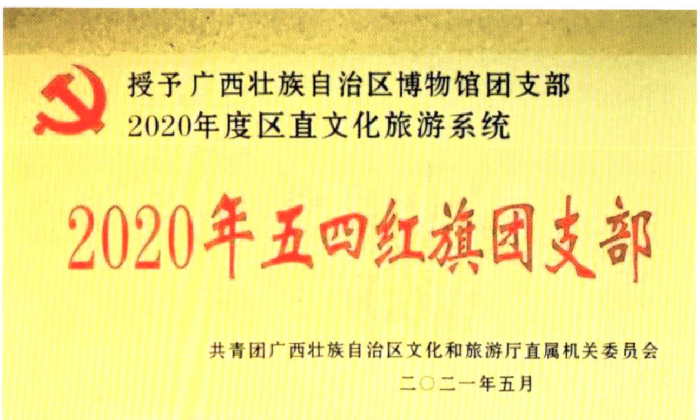

广西博物馆团支部获评区直文化旅游系统2020年五四红旗团支部

2022年5月28—29日，广西博物馆团支部参加“青春心向党　代言壮美广西——广西区直青年助力乡村振兴、工业振兴公益云市集”活动

二、理论学习扎实做

2014—2024年，根据党中央及自治区党委部署，广西博物馆组织开展了6次专题教育，分别是："三严三实"专题教育、"两学一做"学习教育、"不忘初心、牢记使命"主题教育、党史学习教育、学习贯彻习近平新时代中国特色社会主义思想主题教育、党纪学习教育。

2015年，广西博物馆以"严"和"实"的精神扎实开展"三严三实"专题教育。成立了"三严三实"专题教育领导小组，制定了《广西博物馆开展"三严三实"专题教育实施方案》。广西博物馆党总支书记、馆长在全体党员大会上上专题党课，班子其他成员也在所在支部上党课或与支部党员交流学习心得；组织理论学习中心组开展"三严三实"专题教育学习研讨；邀请党校的老师来作专题报告，组织学习相关文件等。通过专题教育，提高了党员的思想觉悟，使"三严三实"内化于心、外化于行。

2015年11月11日，广西博物馆组织党员参观"三严三实"专题教育展

2016年7月8日，广西博物馆邀请自治区党校覃翠生教授（右一）为全馆职工上“两学一做”专题党课

2016年，广西博物馆扎实开展“两学一做”学习教育。制定“两学一做”学习教育实施方案，广西博物馆领导班子带头学习，切实发挥带学促学作用；党总支组织集体学习。邀请专家到馆上了3次“两学一做”专题党课；分季度开展“四讲四有”专题学习讨论；组织全体职工集中观看庆祝中国共产党成立95周年大会；分解专题，指定“讲解员”，集中学习习近平总书记重要讲话精神等。召开专题组织生活会。开展学习党章“四个一”活动，组织全体党员学习党章；开展“手抄党章　牢记宗旨”比赛，党员写下心得体会，并对照党章查找问题，立足岗位作出整改承诺。

2019年，广西博物馆深入开展“不忘初心、牢记使命”主题教育。制定了《广西博物馆开展“不忘初心、牢记使命”主题教育实施方案》，并成立广西博物馆“不忘初心、牢记使命”主题教育领导小组及办公室。组织在职党员干部及退休党员干部赴钟山、贺州等地的党性教育基地开展“不忘初心、牢记使命”主题教育活动。组织开展5次“读原著、学原文、悟原理”主题读书活动，努力创建学习型党组织。创建工作学习交流群、开设博物馆党建微课堂，以习近平新时代中国特色社会主义思想为重点内容，及时发布党员学习资料及相关政论导读文章。

2021年，广西博物馆扎实开展党史学习教育。成立了党史学习教育领导小组，制定了实施方案，及时动员部署，分成4个专题，组织党员开展学习。广西博物馆党委委员讲党史党课3次，党支部以党史为主题上党课2次，组织党员干部上由自治区文化和旅游厅举办的“传承红色基因、凝聚奋进力量——区直文化旅游系统党史学习教育专题党课”1次，开展“我为群众办实事”活动6次，积极开展“党史知识大家答”“红色歌曲大家唱”“重温入党誓词”“学党史、忆先烈、守初心”“学四史、知来路、明方向”“红色展览进乡村　党史知识入民心”等活动10余次，拍摄了7期红色革命文物宣讲短视频并在抖音平台发布，不断推动党史学习教育走深走心走实。

2023年，广西博物馆认真开展学习贯彻习近平新时代中国特色社会主义思想主题教育。成立了主题教育领导小组，制定了实施方案、读书班方案、调研工作方案等，教育引导党员干部用习近平新时代中国特色社会主义思想凝心铸魂。广西博物馆党委及各支部举办了读

2021年4月23日，广西博物馆党委结合党史学习教育，组织党员赴贵港开展“学党史、忆先烈、守初心”主题党日活动

2023年5月11日，广西博物馆召开学习贯彻习近平新时代中国特色社会主义思想主题教育动员部署会

书班，领导领学、支部促学、讨论研学、个人自学“四学联动”。积极组织职工参加区直文化旅游系统主题教育暨“文兴广西”书法摄影短视频比赛，6件作品获奖。聚焦广西博物馆二期改扩建项目建设这项重点工作，由馆领导领衔开展调研工作。广西博物馆党委领导先后率队赴苏州博物馆西馆、扬州中国大运河博物馆、湖北省博物馆、广州艺术博物院、湖南博物院、广东省博物馆、上海博物馆等地开展实地调研并形成调研成果报告。大量的前期调研工作为广西博物馆二期改扩建项目的建设和实施提供了有力依据和支撑。

2024年，广西博物馆扎实开展党纪学习教育。坚持党委带头学、党支部及时跟进学、党员对照深入学、纪律党课推动学，采取个人自学与集中学习相结合的方式，传达学习中央关于召开党纪学习教育有关会议和文件精神，组织党员细读新修订版《中国共产党纪律处分条例》，切实把开展党纪学习教育同学习贯彻习近平新时代中国特色社会主义思想、落实党中央重大决策部署、推进博物馆中心工作结合起来，推动党纪学习教育成果及时转化为广西博物馆建设和发展的强大动力。

2024年4月26日，广西博物馆举办党纪学习教育工作会议暨党委（扩大）读书班

2014—2024年，除以上学习外，广西博物馆党委每月制订理论学习计划并下发至各支部，通过党委会领学、全馆党员大会集中学习、党课和支部会议集中学习、邀请专家上专题党课、个人自学等方式，以学习贯彻习近平新时代中国特色社会主义思想为主线，开展学习及交流发言。组织党员过“政治生日”、重温入党誓词，充分发挥“学习强国”“广西机关党建”等学习平台作用，推动习近平新时代中国特色社会主义思想深入人心。

三、党建引领促发展

（一）党风廉政建设

广西博物馆全面落实党政领导干部对党风廉政建设的全面责任、直接责任、首要责任，切实履行好党风廉政建设“一岗双责”。每年召开党的工作暨党风廉政建设工作会议，各支部分别组织党员集体学习《党员警示录》等材料，落实领导干部谈心谈话工作；开展自查自纠；大力开展廉政警示教育、廉政文化教育，大力推进“清廉广西”和“清廉单位”建设；加

2022年8月25日，广西博物馆党委组织党员赴青秀山廉政教育基地开展“传承红色基因 弘扬清廉文化”主题党日活动

强反面警示教育；馆纪委在节日期间发出廉政提醒，发放廉政家书，引导党员筑牢拒腐防变思想防线，弘扬新风正气。在广西博物馆四楼开辟“党员政治生活活动室”和“党委会议室”，确保党员基本活动得以开展。在四楼办公区域打造廉政文化长廊，进一步提升干部职工的廉政意识。

（二）主题党日活动

广西博物馆党委扎实推进主题党日活动，确保主题党日活动常态化、规范化。例如：2014年组织党员赴东兰开展“重走红军路 践行价值观”主题党日活动；2015年联合广西文物保护与考古研究所党支部开展“学党史、温党情、强党性——全面贯彻落实十八大精神党史知识竞赛”主题党日活动；2016年开展以“知党恩 · 跟党走”为主题的“七一”党日活动；2017年到合浦汉代文化博物馆开展“追寻古代海上丝绸之路的印记”主题党日活动；2018年开展“呵护生态 你我有责”“壮族三月三，你我齐参与”“馆长说宝带您品味广西”“筑梦新时代 青春焕光彩”“党团携手共建 共赏非遗经典”等主题党日活动；2019年联合南宁海关开展“不忘初心、牢记使命”主题党日活动，并开展了

2014年7月3—4日，广西博物馆党总支组织党员赴东兰开展“重走红军路 践行价值观”主题党日活动

2019年6月26日，广西博物馆联合南宁海关开展“不忘初心、牢记使命”主题党日活动

2021年6月8—11日，广西博物馆开展庆祝中国共产党成立100周年暨“打卡红色教育基地”主题党日活动

2023年6月14—16日，广西博物馆党委组织在职党员赴全州、灌阳等地开展“沿着习近平总书记考察足迹学思想”主题党日活动

“园博园里观未来　博物馆里看历史”“传承·2019清明祭英烈”“扫黑除恶我在行动”等主题党日活动；2020年联合邕州海关开展“追寻革命初心，担负光荣使命”主题党日活动；2021年开展庆祝中国共产党成立100周年暨“打卡红色教育基地”主题党日活动；2022年联合广西地图院开展“感党恩　跟党走——广西庆祝中国共产党成立100周年系列地图宣传册捐赠活动暨主题党日活动”；2023年，与自治区方志办联合开展“鉴往知来，传承中华传统文化”主题党日活动，并开展“学思践悟二十大　砥砺奋进新征程”主题党日活动，组织在职党员赴全州、灌阳等地开展“沿着习近平总书记考察足迹学思想”主题党日活动；2024年组织党员参观“4·15全民国家安全教育日主题展览”并开展“国家安全　人人有责”主题党日活动，与自治区方志办古籍整理部党支部联合举办“感悟历史文化　锻炼党性修养”主题党日活动。广西博物馆采取多种灵活学习的方式，提升党员职工队伍的凝聚力和向心力，引导党员职工勇担当、善作为。

（三）意识形态工作

广西博物馆党委还积极做好意识形态工作。作为宣传红色文化和爱国主义教育、弘扬社会主义核心价值观的重要窗口，广西博物馆党委着力加强意识形态阵地的管理，积极弘扬正能量，加强红色文化引导。每年上半年和下半年各召开一次党委会，对全馆的意识形态工作进行分析研判。

广西博物馆有效整合自身资源，努力实现教育群众、服务群众、引领群众的目标，发扬博物馆红色资源优势，深化青少年“四史”特别是党史教育，开展生动有效的展览活动。广西博物馆作为全国“大思政课”实践教学基地和第六批全国关心下一代党史国史教育基地，与广西社会主义学院共建“中华文化现场教学基地”；开展“行走的思政课”活动；1个项目入选全国“大思政课”优质资源精品项目。

四、乡村振兴有担当

广西博物馆馆长韦江（左一）到帮扶户家了解情况

广西博物馆积极响应国家号召，全面深入贯彻精准扶贫、乡村振兴工作要求，坚决贯彻落实文化和旅游领域相关扶贫政策，结合工作实际，以物质扶贫和文化扶贫为主要内容，倾心倾情相助、精心精准帮扶，用实际行动走出一条博物馆、企业与帮扶户“相辅相成、互利共赢”的脱贫新路子。

广西博物馆积极推进产业扶贫，走出博物馆特色扶贫之路。贺州市昭平县黄姚镇凤立村是广西博物馆乡村振兴重点帮扶村。广西博物馆联合广西织绣发展研究会等开展绣女培训，为农村留守妇女等提供就业平台，并实现对传统手工技艺的生产性保护和推广性传承，切实做到“就业一人、脱贫一户”。同时，携手凤立村的3家帮扶后盾单位于2016年一起创设第一书记扶贫特产专营店，陈列销售广西14个地市及定点扶贫村的扶贫产品。

2018年至今，广西博物馆连续选派4名优秀党员干部担任驻村第一书记和驻村工作队员。杨达毅于2018年3月至2021年4月担任凤立村驻村第一书记；经辉于2016年4月至2018年4月担任凤立村驻村工作队员；黄海荣于2021年4月至2023年4月担任凤立村驻村工作队员；李晓羽于2023年4月接过接力棒，成为凤立村驻村工作队员。驻村工作队员用心履职尽责，深入农户家中了解情况，深入田间地头挥洒青春，体现了党员的责任与担当，圆满完成脱贫攻坚任务，实现脱贫攻坚成果同乡村振兴有效衔接，为乡村振兴画卷增添了亮丽的色彩。2020年，广西博物馆荣获区直文化旅游系统事业单位脱贫攻坚专项奖励集体记功，广西博物馆派出的驻村第一书记杨达毅荣获个人记功。凤立村入选第

2020年，广西博物馆党委书记吴伟峰（左三）参加凤立村桂绣坊桂绣新品培训开班典礼

2024年2月，广西博物馆党委书记苏兴周（左四）到凤立村开展乡村振兴调研工作

五批自治区民族团结进步示范村。

广西博物馆领导及中层干部多次深入帮扶户实地查看并了解驻村工作队员的住宿和生活保障等情况，走访看望帮扶户，参加凤立村桂绣坊桂绣新品培训开班及结业典礼，推动乡村振兴。

广西博物馆发挥专业、专家优势，于2019年筹建了凤立村生态博物馆。同时积极组织文化志愿服务活动，将多姿多彩的博物馆文化带到乡村，为乡村学生带来了“博物馆之旅”，并捐赠书籍和体育用品，为乡村振兴注入“精气神”。

广西博物馆以习近平新时代中国特色社会主义思想为指导，在党中央、自治区党委、自治区人民政府、自治区文化和旅游厅党组的坚强领导下，不断加强党的建设，树立博物馆党建工作新理念，创新工作载体，打造党建品牌，加强基层党组织建设，在新时代把握历史主动，努力建设中国特色世界一流的现代化博物馆，为书写中国式现代化广西篇章作出应有的贡献。

第三章

扎实研究

——多元发展新形态

学术研究是博物馆的重要职能之一。2014—2024年，广西博物馆高度重视学术研究，在博物馆学、藏品及与博物馆性质、任务关系密切的领域都取得了一定的研究成果，全馆出版著作50余部，主持或参与课题研究160余项，发表学术论文400余篇。

广西博物馆的学术研究，不仅尊重职工个人的主动性和创造性，还加强组织和规划，以确保学术研究工作的顺利进行，取得预期的研究成果。为加强学术管理，完善科研工作规章制度，使重大学术问题决策科学化、民主化，广西博物馆在1986年设立了学术委员会。学术委员会是馆长领导下的学术机构，负责规划、指导全馆的科研工作，为馆领导进行有关全馆科研事项的决策提供依据，也为弘扬科学精神，推进学术创新，促进科研上水平、上台阶，推动广西博物馆的建设和发展作贡献。

2014—2024年，广西博物馆学术委员会稳定运行，顺利进行了6轮换届改选，并研究制定了《广西博物馆科研课题管理办法》等，有效支持馆内学术研究活动。此外，广西博物馆还先后设立广西历史文化研究中心和广西古代海上丝绸之路研究中心等机构，研究骆越文化、灵渠、海上丝绸之路、茶马古道、土司文化、太平天国、东南亚文化等，旨在进一步提高广西博物馆的科研水平，造就一支在研究广西历史文化方面有造诣的专家队伍，把广西博物馆的事业发展推向新高度。

一、图书出版

2014—2024年，广西博物馆编辑出版各类图书50余部。其中，品牌系列学术著作20余部，周年庆系列文集及随笔系列文集6部，学术图录10余部，专业学术著作10余部，科普类著作2部，多部著作荣获国家级和自治区级奖项。

这十年来，广西博物馆继续编辑出版《广西博物馆文集》《广西文博》《广西博物馆协会学术研讨会暨广西壮族自治区博物馆学术研讨会论文集》《广西壮族自治区博物馆专家论丛》等四大系列学术著作，并整理出版了《广西壮族自治区博物馆建馆80周年论文选集》《岁月留痕——广西壮族自治区博物馆建馆80周年》等系列馆庆文集。

《广西博物馆文集》于2004年创刊，是由广西博物馆主办的学术刊物，被中国知网学术辑刊库收录，后作为同名著作出版。2014—2024年，《广西博物馆文集》先后出版了第十辑至第十六辑，主要收录了从考古学、历史学、民族学、博物馆学等角度研究广西及岭南地区文化的论文、考古报告等，作者均为广西区内外文博领域专家学者，文章集学术性、知识性、鉴赏性于一体，能反映广西文博研究的发展面貌与研究成果。

《广西文博》于2017年创刊，是由自治区

《广西博物馆文集》（第十六辑）

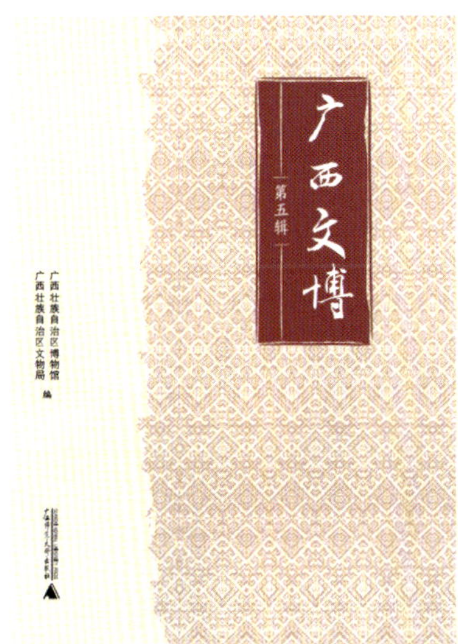

《广西文博》（第五辑）

文物局与广西博物馆共同主办的学术刊物，被中国知网学术辑刊库收录，后作为同名著作出版。至2024年，《广西文博》先后出版了第一辑至第五辑，内容包括博物馆从业人员业务经历、所见所闻所感，展览、社教活动评论，观众在博物馆参观展览和参与活动的心得，文物介绍和赏析，社会热点、焦点的历史溯源和历史真相，文化遗产的保护、解读和利用，考古随笔和文博资讯等。

《广西博物馆协会学术研讨会暨广西壮族自治区博物馆学术研讨会论文集》是广西博物馆和广西博物馆协会共同编辑出版的学术会议论文集。该文集源于《广西博物馆学术研讨会论文集》。2008年，广西博物馆编辑出版《博物馆免费开放的思考——广西博物馆首届学术研讨会论文集》，之后依次出版了第二届至第五届的《广西博物馆学术研讨会论文集》。至2014年，更名为《广西博物馆协会学术研讨会暨广西壮族自治区博物馆学术研讨会论文集》。十年间，依次出版了《博物馆（记忆+创造力）=社会变革）——广西博物馆协会首届学术研讨会暨广西壮族自治区博物馆第六届学术研讨会论文集》等6本学术研讨会论文集。

《广西壮族自治区博物馆专家论丛》汇集了广西博物馆专家、学者实际工作的精研探索之作，不仅是对广西博物馆已取得学术成果的回顾，更是广西博物馆事业发展的一个缩影。

除此之外，这十年，广西博物馆还编辑出版了《广西古代文明陈列》《馆藏合浦县望牛岭

《超级链接的博物馆：新方法、新公众——广西博物馆协会第五届学术研讨会暨广西壮族自治区博物馆第十一届学术研讨会论文集》

《广西壮族自治区博物馆专家论丛：陈小波文集》

汉墓出土文物图录》《瓯风骆韵》《奇珍异趣》等兼具学术性和艺术性的专业图书10余本，编录主题包括陈列展览文物、遗址出土文物、专题性文物、专题性馆藏等，为各类研究者提供准确、生动、全面的研究资料，具有极高的学术价值和艺术价值。

2014—2024年，广西博物馆鼓励职工发挥主观能动性，积极开展各领域研究，形成学术出版物。馆内研究人员主编并出版铜鼓研究、壮锦研究、海上丝绸之路研究、社会教育研究、考古研究和自然科学研究等学术专著13部。其中，《汉代合浦港的考古学研究》荣获广西第十六次社会科学优秀成果奖著作类成果三等奖；《海上丝绸之路》《合浦汉墓》《壮锦》，分别被列入庆祝改革开放40周年、广西壮族自治区成立60周年的精品图书项目；《广西古代海上丝绸之路》《合浦汉墓》被列入“合浦海丝研究系列”丛书，该系列丛书对于引领未来我国海上丝绸之路研究及指导合浦申报系列文化遗产具有重要作用。

与此同时，广西博物馆研究团队与同行研究团队积极开展合作交流，参与撰写了“十二五”职业教育国家规划立项教材新编全国旅游中等职业教育系列教材以及《广西通史》、《海上丝绸之路》、*Development History of Ancient Chinese Glass Technology*（《中国古代玻璃技术发展史》）、《广西历史地图集》等4部学术著作。其中，《海上丝绸之路》被自治区新闻出版局列入2019年广西出版物“走出去”优秀出版项目，并在法国以法文出版；*Development History of Ancient Chinese Glass Technology* 入选第21届输出版引进版优秀图书100种；《广西历史地图集》获得广西第十七次社会科学优秀成果奖著作类成果二等奖。另有馆内学者独著《遇见白头叶猴》荣获2020年广西十佳科普读物大赛优胜奖。《秘境守望——东黑冠长臂猿寻踪》荣获第七届“中国科普作家协会优秀科普作品奖”科普图书类银奖、2022年广西十佳科普读物大赛一等奖。

2014—2024年，广西博物馆出版成果一览

二、项目课题

2014—2024年，广西博物馆研究人员获批主持国家级、省部级、市厅级等各层级课题90余项。其中，列入国家、自治区社会科学基金项目7项，市厅级项目80余项，其他级别课题项目10余项，研究成果丰硕。

十年来，广西博物馆根据自己特有的藏品和当地的有关历史文物古迹、历史文化等，进行织锦、茶马古道文化、海上丝绸之路等的研究，主持多个国家社会科学基金项目，如《中国壮锦与东南亚相关织锦的综合研究》《汉代海上丝绸之路的考古学研究》《广西作为“一带一路”有机衔接重要门户的考古学研发》等，并主持多个广西哲学社会科学基金项目，如《广西织锦研究》《“互联网+”背景下博物馆文化创意产业创新发展研究》《桂滇线茶 古道线性文化遗产保护与发展研究》《广西博物馆馆藏古代海上丝绸之路文物资料的整理与研究》等。

课题成果丰硕，形式多样，包括：学术专著，如《壮锦》《壮锦：五彩斑斓的智慧结晶》；学术论文，如《广西北部湾地区汉唐海上丝绸之路遗产“突出的普遍价值”》（发表于《广西社会科学》）、《广西平乐银山岭“战国墓”的年代》（发表于《江汉考古》）；实验报告，如《广西出土汉代珠饰的科学分析检测报告》《丝绸之路沿线采集珠饰的科学分析》；译文汇编，如《海上丝绸之路沿线考古发现与研究译介（第一辑）》等。其中，《壮锦：五彩斑斓的智慧结晶》列入中华优秀传统文化传承发展工程实施项目“非遗广西”丛书。

同时，广西博物馆积极配合自治区各级行政部门的重点工作部署，主持自治区文化和旅游厅、自治区科技厅等政府机关和学术机构组织的项目课题，提供高质量、高水平的学术服务。

这十年，广西博物馆也积极寻求共同发展，与北京科技大学、四川大学、广西民族大学、广西师范大学、西北民族大学等高校建立了良好的合作关系，开展了多项合作，与各相关专业的科研院所及高校保持良好联系，多领域开展学术研究工作。广西博物馆研究人员参与多项国家级课题项目，如《西南地区先秦两汉冶金遗址调查与研究》（重大项目）、《广西玉林地区古代高锰渣生铁冶炼技术研究》、《中国—东南亚铜鼓数字化记录与研究》、《左江花山岩画与相关考古遗存的关联性研究》、《清代西南边境管理研究》、《合浦汉墓的资料整理与研究》、《广西合浦望牛岭汉墓考古发掘资料整理与研究》等。其中，广西博物馆人员参与的国家社科基金西部项目《左江花山岩画与相关考古遗存的关联性研究》荣获全国哲学社会科学基金项目优秀奖。

另外，广西博物馆还参与广西哲学社会科学基金以及自治区党委政策研究室、自治区政府发展研究中心、自治区决策咨询委员会等的其他省部级项目10余个。其中，广西博物馆研究人员参与编著的《广西左江花山考古（2013—2016）》荣获广西第十七次社会科学优秀成果奖研究报告类成果三等奖。

三、研究论文

2014—2024年，广西博物馆职工围绕岗位工作职责和博物馆工作主线，在《中国社会科学报》、《文物保护与考古科学》、《广西民族研究》、*Antiquity*（《古物》）、*Journal of Archaeological Science: Reports*（《考古学杂志：报告》）等国内外专业报刊公开发表学术论文400余篇，涵盖博物馆学研究、藏品研究和相关学科的研究，呈现研究系统、理论扎实的良好态势。

在博物馆学研究方面，广西博物馆职工结合本馆工作实际，开展了一系列关于博物馆工作方法和理论的研究，并形成大量学术论文，涉及藏品科学管理的研究、藏品征集的研究、藏品科学保护的研究、陈列理论的研究、陈列艺术和技术的研究、陈列工作的组织与管理的研究、观众的研究、科学管理的研究等。

在藏品研究方面，广西博物馆职工研究广泛，既有对单个藏品的研究，如在《文物保护与考古科学》上发表的论文《广西上林县馆藏东汉至南朝铜鼓科技分析研究》《桂平博物馆馆藏东汉双耳铜甑铸造工艺及其保护修复研究》等；也有对群体藏品的综合研究，如在《广西社会科学》上发表的论文《广西北部湾地区汉唐海上丝绸之路遗产“突出的普遍价值”》，在《中国社会科学报》上发表的论文《从柬埔寨红鸟币看南洋商贸文化交流》等。

在相关学科的研究方面，作为历史艺术类博物馆，广西博物馆与时俱进，向研究型博物馆靠拢，馆内研究人员在钻研古代史、近代史、现代史、考古学和民族学等基础上，开展多元化、跨学科、跨领域的历史文化研究，在骆越文化、边境文化、土司文化、海丝文化、茶马古道文化、岩画文化、壮锦文化、民族民俗文化、红色文化、东南亚文化等领域积极探索。

未来，广西博物馆将继续围绕博物馆发展的重大理论与现实问题，坚持基础研究与应用研究并重，努力形成一批有价值、可转化的研究成果，促进学术繁荣，助力博物馆事业高质量发展。

第四章

奋发有为

——藏品工作新发展

藏品是博物馆事业发展的基础，藏品工作对博物馆的重要性不言而喻。自1934年成立至今，广西博物馆一直高度重视藏品工作，将其视为博物馆的基础性工作，常抓不懈、久久为功。经过九十年的不懈努力，广西博物馆的藏品从无到有，2024年有藏品近10万件（套）[①]，其中一级文物148件（套）、二级文物1980件（套）、三级文物3881件（套）。总体来看，馆藏藏品数量众多，种类多样，涵盖广泛；藏品时间跨度从旧石器时代到近现代，大部分藏品具有浓郁的地方特征及民族特征，兼具历史、艺术和科学价值，是广西各个时期历史演变和发展的重要物质见证。

2014—2024年，广西博物馆以可移动文物普查工作（简称可普）为契机，梳理馆藏、清点账册，在藏品管理、展览需求、保护修复等方面推进文物的保护利用工作。这十年，广西博物馆立足区情，以“为明天收藏今天”的责任感，积极主动征集文物，丰富馆藏藏品体系。坚持“让文物活起来”的理念，以保护、研究、弘扬中华优秀传统文化为宗旨，以藏品科学管理与有效利用为抓手，以藏品管理工作高质量发展为目标，发挥专业优势，优化知识传播和供给服务，满足人民群众日益增长的精神文化需求。

① 包括原馆藏文物32375件（套），古籍和民国线装书27096册（件），以及2020年广西文物商店并入广西博物馆时移交的藏品35700件（套）。

一、典藏博物，赓传文明

广西博物馆在库的馆藏文物依照类别和材质，可分为6个文物库：出土文物库、近现代文物库、陶瓷文物库、书画文物库、杂项文物库和古籍文献库。

出土文物库的藏品是广西博物馆藏品中的“重头戏”，共计有12296件（套），其中一级文物109件（套）、二级文物781件（套）、三级文物1188件（套）。馆藏出土文物的材质类型丰富多样，有陶器、瓷器、铜器、铁器、宝玉石器、金银器、漆木器等。藏品的时间跨度大，涵盖了旧石器时代、新石器时代、商周时期、秦汉时期、魏晋南北朝时期、隋唐五代时期、宋元时期以及明清时期等各个历史时期。精品文物有旧石器时代百色手斧、新石器时代楔形双肩大石铲、商代兽面纹提梁铜卣、春秋时期“告”铭提梁铜鼎、秦代“孱陵”铭铜矛、西汉大铜马、西汉翔鹭纹铜鼓、西汉羽纹铜凤灯、西汉弦纹玻璃杯、东汉胡人俑座陶灯、宋代永福窑青釉彩绘花腔腰鼓等。众多馆藏出土文物是了解广西古代政治、经济、文化、社会生活的珍贵实物资料，是广西悠久灿烂的历史文化的重要缩影，也是广西各族人民的伟大创造力和多民族团结统一的重要见证物。

新石器时代束腰形双肩玉铲

战国时期人面弓形格云雷纹铜短剑

商代兽面纹提梁铜卣

西汉人面纹羊角钮铜钟

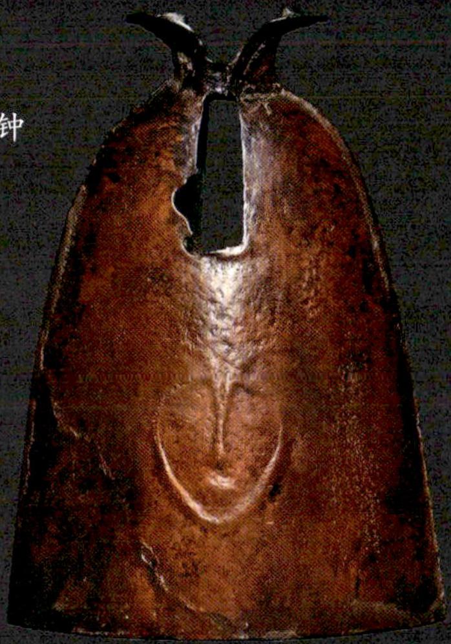

西汉大铜马

西汉羽纹铜凤灯

中国红军第七军第一纵队第一营第四连连旗

近现代文物库的藏品种类繁多，从材质上看有金属制品、木制品、皮革制品、陶瓷、纸制品等，其中纸质文物居多。共有文物7638件（套），其中一级文物13件（套）、二级文物270件（套）、三级文物941件（套）。从时间上看，馆藏近现代文物包括太平天国时期、中法战争时期、辛亥革命时期、大革命时期、土地革命时期、抗日战争时期、解放战争时期、社会主义建设时期等各个历史阶段，是近现代重大事件的见证物。近现代文物库的珍贵文物有“太平天国丁巳年”款铜炮、中法战争时期冯子材部使用的先锋煲、辛亥革命时期《广西独立报》、广州农民运动讲习所第六期学员李赤雷的日记本、中国红军第七军第一纵队第一营第四连连旗、中国红军第八军帽徽、广西学生军团章、广西省人民政府铜印、广西壮族自治区成立纪念章等。馆藏近现代文物是近现代以来广西各族人民为争取国家独立和民族解放而作出奋斗牺牲的缩影，是中国共产党在广西发展中的重要实物资料，是弘扬广西革命精神与民族文化的重要载体。

陶瓷文物库收藏了新石器时代至当代各时期的传世陶瓷器类文物。共有文物2091件（套），其中一级文物6件

（套）、二级文物443件（套）、三级文物549件（套）。馆藏传世陶瓷器文物可分为陶器及瓷器两大类，陶器有马家窑文化彩陶、唐三彩、江苏宜兴紫砂陶及广西钦州紫砂陶等，瓷器有宋代青白釉席地缠枝纹花口碗（出自广西中和窑）、宋代青瓷瓜棱罐（出自广西永福窑）、明宣德钧红釉盘（出自江西景德镇窑）、明宣德青花缠枝莲纹菱花口盘（出自江西景德镇窑）、明宣德青花缠枝莲纹折沿盘（出自江西景德镇窑）等。馆藏陶瓷器精品较多，时间跨度大，既是中国陶瓷发展的历史见证，又反映了广西地方陶瓷文化的发展历史。

书画文物库收藏有宋、明、清、近现代绘画作品，唐、金、元、明、清、近现代书法作品及近现代广西本土画家的书画作品等，共计有5332余件（套），其中一级文物18件（套）、二级文物261件（套）、三级文物790件（套）。馆藏书画作品题材丰富多样，不乏古今名家的笔精墨妙之作，其中部分书画以广西山水、人文为题材。书画文物库的重要文物藏品如宋代马和之的《鄘国四篇图卷》，属《诗经》组图系列，以一文配一图的形式将诗歌形象化，为馆藏

明宣德青花缠枝莲纹折沿盘

最早的书画作品；清代摹古派大家王原祁的经典之作《南山积翠图卷》，笔法娴熟，气韵生动，设色鲜明，以翠绿与浅绛渲染画面，画中山川层峦叠嶂，意境高远。

杂项文物库共计有文物5232件（套），其中一级文物2件（套）、二级文物225件（套）、三级文物414件（套）。库内收藏文物种类繁多，有拓片、钱币、雕刻、珐琅、漆器、金属器、刺绣、服饰、玉器、印章等。其中纸质拓片的收藏较为丰富，涵盖了广西境内较为著名的古代碑刻，如南宋《大唐三藏圣教序》弘福寺沙门怀仁集碑拓本、元祐党籍碑、唐永淳元年韦敬辩六合坚固大宅颂碑、安玄朗墓志等碑拓，具有重要的史料价值。另外，传世工艺品中包括明清至近现代的工艺精品文物，如明代象牙雕荔枝形水盛、清

清代王原祁《南山积翠图卷》（局部）

明代象牙雕荔枝形水盛

代道光竹雕“之璠”款佛手果摆件等，这些工艺品凝聚了古人的高超技艺和能手巧思，反映了古人的社会生活和审美意趣。

古籍文献库共计有典藏古籍和民国线装书2万余册，其中古籍1万余册（包括500余册明清善本）。藏书种类涵盖了经、史、子、集的各个门类，有大量地方志书和族谱、图录、文集，以及反映民国时期广西抗战史实及新桂系治理广西的历史手抄本与油印本档案资料，另外还有近代名人手稿、画册、调查资料、剧本及大量广西民族、民俗文献等。明拓本《灵飞经》和金刻本《大乘庄严经论》2部馆藏文献入选“国家珍贵古籍名录”，《无声诗史》《丹铅总录》《古文渊鉴》《御选唐宋文醇》《泊如斋重修宣和博古图录》等14部馆藏文献入选“广西壮族自治区珍贵古籍名录”。

广西博物馆在2009年被列入首批“广西古籍重点保护单位”；2011年通过审核，成为“自治区级古籍修复中心”。2012年广西博物馆获得自治区民委授予的“全区少数民族古籍先进集体”称号；2015年获得自治区古籍保护中心授予的“广西古籍保护工作先进单位”称号，2名职工获“古籍普查工作先进个人”称号。

二、厘清现况，再开新篇

2013年，根据国务院第一次全国可移动文物普查领导小组办公室发布的《关于发布〈第一次全国可移动文物普查实施方案〉的通知》和自治区人民政府印发的《广西壮族自治区人民政府关于开展第一次全区可移动文物普查的通知》，广西博物馆积极部署安排可普工作。

组建普查工作组，明晰责任。建立普查领导小组、普查专家组、普查工作小组。在实施过程中采取文物保管员牵头责任制。文物保管员是最熟悉和了解各库文物的人，因此在可普工作中将其任命为文物信息采集小组负责人，由其根据所管分类库的文物情况安排部署影像采集和信息录入工作，并负责采集过程中文物信息的初步审核。建立文物保管员牵头责任制，一方面可以快速掌握需采集信息的文物情况，根据不同文物的状态合理安排可普工作；另一方面可以避免在可普工作中出现遗漏、重复采集等现象，以确保文物信息采集的准确性。

全力以赴，重点推进。全国第一次可移动文物普查期间，恰逢广西博物馆书画文物库、陶瓷文物库、近现代文物库3个库房的新老库管交接，文物库房的人员需要配合陈列展览进行拣选文物、布展撤展、文物查阅服务等工作。为确保文物安全以及工作的有序开展，广西

2014年7月，广西博物馆开展可移动文物普查文物摄影培训、可移动文物普查信息采集工作和馆藏文物清账核查工作

博物馆根据实际情况明确了各文物库的核心工作与其他工作，确立了以核心工作为主、多项工作并进的工作方针。针对需清点移交点交的3个文物库，采取先点交后可普的模式，目的是尽快完成点交，再集中力量按时按质完成可普工作。其他各文物库则以可普工作为主，在确保按时按质完成可普工作的前提下有序开展其他工作。同时为确保可普工作顺利完成，馆领导灵活统筹，从其他部门调集人员参与可普工作。

经过逐库逐件的清点核对、藏品影像的采集、账目的清点核校，广西博物馆于2016年5月完成可普工作。

此次可普工作时间跨度大，为充分发挥博物馆文化服务功能，广西博物馆结合普查进度，积极利用普查中发现的精品文物以及具有广西特色、蕴含广西历史价值的文物进行宣传，让人民群众借助文物增加对广西历史的了解。同时，广西博物馆联合多家媒体，通过网站、报纸等途径陆续公布广西博物馆普查成果，并创新宣传方式，利用广西博物馆开展的活动等向人民群众及时汇报可普知识及成果。

随着可普工作的完成，广西博物馆摸清了藏品家底，掌握了藏品情况，进而为挖掘文物内涵，扩展文物保护对象，完善历史文化遗产保护体系，促进文物事业跨越式发展，科学管理和利用馆藏文物资源奠定了坚实基础。

三、科学管理，守正创新

藏品管理是藏品安全的基础保障，是博物馆研究工作的基础。广西博物馆始终坚持与时俱进，不断创新管理理念。在抢救与保存文物资源时，贯彻保护为先、安全第一的基本工作方针，严格落实各项规章制度，为文物资源提供最佳保护场所。广西博物馆通过不断细化文物库分类，形成按文物类别与材质分类的分库管理模式，使文物管理与利用井然有序。具体做法包括：

完善管理制度。为更高效安全地保护藏品，更规范地进行藏品管理，广西博物馆不断完善藏品管理制度体系。根据国家大政方针，结合实际工作需要，广西博物馆于2017、2019、2022年对藏品管理相关制度进行了修订、增补，最终形成4项藏品管理制度。同时，组织文物各库相关工作人员进行制度学习，不断增强职工在藏品安全方面的意识。

2018年4月24日，广西博物馆开展中国丝绸博物馆借展文物安全状况评估

改善藏品保存环境。2015年，广西博物馆组织实施了馆藏可移动文物预防性保护项目，根据藏品特性、库房现状，配置了新型柜架、无酸囊匣、主动及被动调控材料等，对库房微环境进行治理，改善提升了馆藏文物的保存条件。同时针对展厅文物的特殊管理方式，布置了温湿度检测系统，为展厅微环境、小环境的调控提供科学数据的辅助判断。2022年底广西博物馆改扩建工程完成后，3间新的现代化库房投入使用。库房配备金库门、恒温柜架及专业转运设备，同时还设有温湿度控制系统、环境监测系统，为藏品管理提供了更加科学、智能、高效的管理模式。

梳理革命文物资源。近年来广西博物馆完成了标语类文物、抗战文物等革命文物的梳理和填报，并先后公布了第一批、第二批可移动革命文物名录。2023年还参与完成全区革命文物定级工作，其中广西博物馆新定级革命文物29件（套）：二级文物6件（套）、三级文物16件（套）、一般文物7件（套）。以上工作为高效利用革命文物资源奠定了基础。

做好新增文物的移交入库等工作。十年来，广西博物馆完成了1398件（套）藏品的购买征集、捐赠、拨交、移交等工作，新增藏品、资料的移交入藏工作，以及广西文物商店35700件（套）藏品的移交工作。根据藏品管理制度，每件藏品按照清洁、影像采集、编登、移交、上架的规范流程操作，以确保藏品安全、准确入藏。

具备恒温恒湿条件的广西博物馆书画文物库

2023 年 10 月，广西博物馆开展革命文物定级工作

2020 年，广西文物商店藏品搬迁点交和打包

2014年3月20日，中央电视台纪录片《稻之道》工作组到广西博物馆拍摄相关藏品

做好文物提用工作。十年来，广西博物馆共完成近6万件次藏品、资料的提取使用工作。展览方面，广西博物馆原创展览、临时展览、联合展览及借展安全提用藏品3万余件次；数字化保护方面，安全提用藏品、资料2万余件次；保护修复方面，为藏品保护、修复、复仿制、拓印等安全提用藏品1000余件次；科研服务方面，向其他博物馆、高等院校、科研院所等开放藏品和学术研究资料，为专业研究者提供研究便利，安全提用馆藏文物近2000件次。

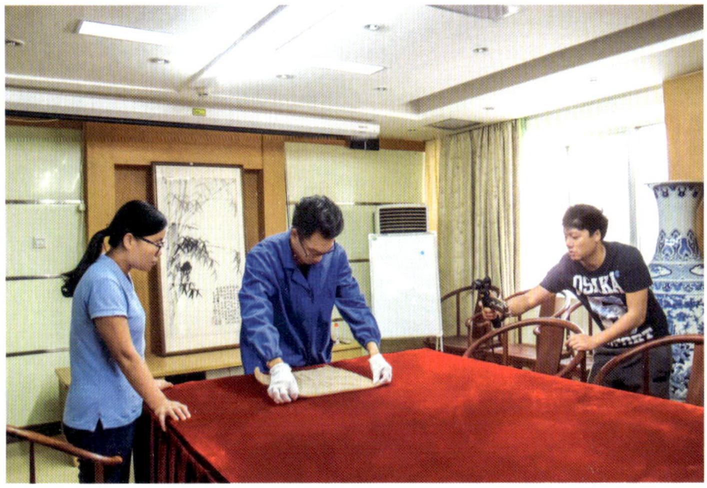

2016年9月19日，广西电视台到广西博物馆录制《红军长征过广西》节目

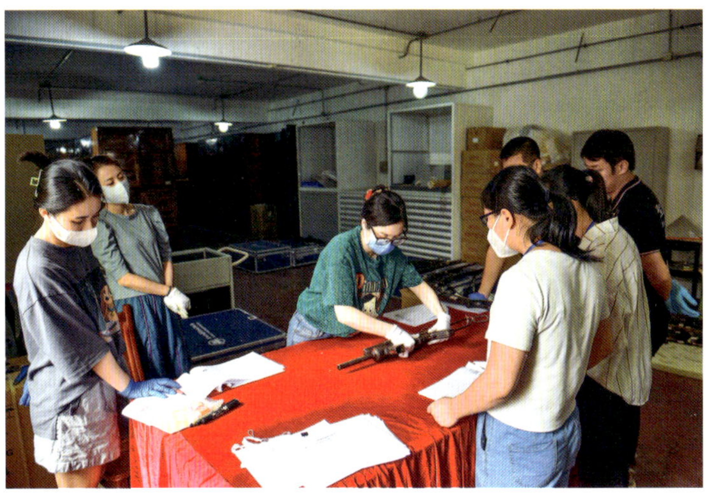

2022年9月，广西博物馆近现代文物库开展“烽火南疆——广西近现代革命史陈列”布展文物点交

2023年10月27日，广西博物馆书画文物库开展“图会前贤——馆藏明清文人画家作品陈列”布展点交

2016年，广西博物馆举办黄旭初手稿鉴选会

四、博采广纳，丰富馆藏

藏品是博物馆赖以生存和发展的基础，藏品征集是博物馆增加馆藏、完善藏品体系的重要方式。自成立伊始到20世纪末，广西博物馆藏品主要来自考古发掘、接受捐赠等。2013年后，随着广西文物保护和考古研究所从广西博物馆分离，广西博物馆藏品主要来源转变为专题征集、购买、接受捐赠、拨交和移交等。2014—2024年，广西博物馆共征集文物1212件（套）、资料186件（套），馆藏体系得到不断完善，为弘扬中华优秀传统文化提供了丰富的见证物。具体做法有：

系统梳理，明确目标。广西博物馆对馆藏藏品进行系统梳理，并结合本馆定位，确保征集工作充分满足广西博物馆的特色发展。重点征集反映广西各个历史时期的代表性实物和具有特殊意义的代表性物品，以及具有纪念意义、教育意义或史料价值的广西近现代重要实物。同时根据征集线索及规划，制订中长期及年度征集计划，进一步细化和明确征集目标，确保征集工作持续有序进行。

2022年8月18日，广西博物馆举办马万里、梁耀作品征集鉴选会

2023年，广西博物馆征集到的南北朝时期灵山型铜鼓

2015年，广西博物馆接受封建勋亲属（左二、左三）无偿捐赠的封建勋花鸟四条屏

2015年，广西博物馆接受抗战家属杨树松（前左二）捐赠的荣哀状

2021年，广西博物馆举行原陆军一六二师相关书籍和战时物品捐赠仪式

及时补漏，反哺展览。广西博物馆改扩建期间，藏品征集工作围绕“基本陈列+专题展览+特别展览+延伸展示”展览规划展开，为系统、全面展示广西的历史、文化、艺术等各个方面的成就，做好拾遗补漏工作，先后征集了桂林府学碑刻拓印、明代“壶阳李密”双螭钮长方形玉章印文拓印、1944年西南戏剧展纪念章等资料、文物，丰富了展览展陈的内容。

积极引导，鼓励捐赠。捐赠是藏品征集的主要途径之一，也是博物馆与社会交流的途径之一。为鼓励社会各界踊跃捐赠，广西博物馆一直面向社会公众征集各类文物及见证物，并通过展览、捐赠物云展示等向社会反馈、展示捐赠藏品，如“丹青桂韵——马万里先生诞辰110周年纪念展”“珊音画影——馆藏罗宝珊书画作品展”“天澈遗韵——马慧先画展”“奇珍共赏——馆藏捐赠文物特展”“留存战‘疫’，让抗疫精神永存——广西壮族自治区博物馆抗疫征集云展示”等，形成“征集—展示—交流—再次征集”的良好循环模式。

关注当下，见证发展。今天即是明天的历史，为记录当下广西儿女的精神风貌、广西的社会发展，广西博物馆积极征集当下广西社会发展方方面面的见证物。2020年，广西博物馆面向社会征集2020年抗击新冠疫情的相关资料和实物，先后征集入藏了广西第一批支援武汉的抗疫荣誉证书、火线入党申请书、在鄂抗疫日记等51件（套）见证物。2024年，广西博物馆与第一届全国学生（青年）运动会执委会取得联系，积极征集广西首次承办的第一个大型竞技类全国综合性运动会见证物。

2014—2024年，广西博物馆通过征集购买、捐赠、拨交、考古移交、采集等多种途径，新增了书画、陶瓷、玉石、铜器、铁器等多种藏品，共征集文物1212件（套）、资料186件（套），补充了秦、汉、清、近现代等多个历史阶段重大事件的见证物，不断丰富和完善馆藏体系。

广西博物馆征集到的援鄂抗疫见证物

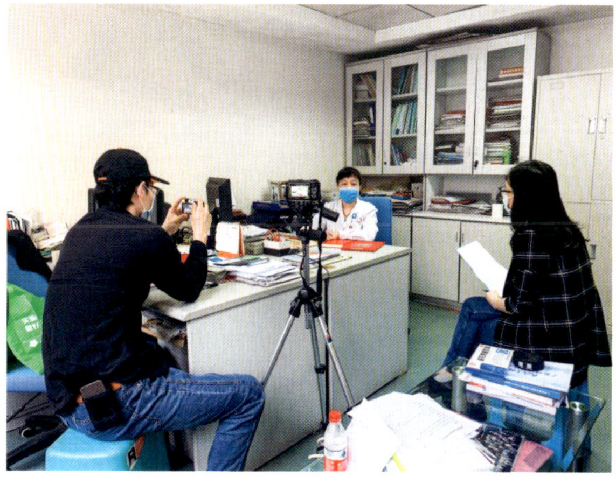

2020年，广西博物馆开展抗疫口述史采集工作

五、鉴定服务，文化惠民

为充分发挥广西博物馆在文物鉴定领域的专业优势，满足公检法部门依法打击文物违法犯罪活动的专业鉴定需求，同时满足人民群众日益增长的民间收藏文物鉴定需要，广西博物馆不断提升和完善文物鉴定服务，努力构建多层次文物鉴定服务格局。

涉案文物鉴定评估。2016年，广西博物馆通过国家文物局遴选成为全国第二批涉案文物鉴定评估机构。经过认真筹备，广西博物馆于2017年正式开展全区妨害文物管理等刑事案件涉及的文物鉴定和价值认定工作。为规范、高效、科学地完成全区涉案文物鉴定评估工作，广西博物馆组建工作小组，制定规章流程，与司法机构展开交流，积极为委托方提供打击文物犯罪的有力支撑。截至2023年12月31日，广西博物馆共

2015年5月，广西博物馆开展涉案文物鉴定工作

2016年6月11日，广西博物馆举办民间藏品鉴赏活动

2019年10月，广西博物馆开展涉案文物鉴定工作

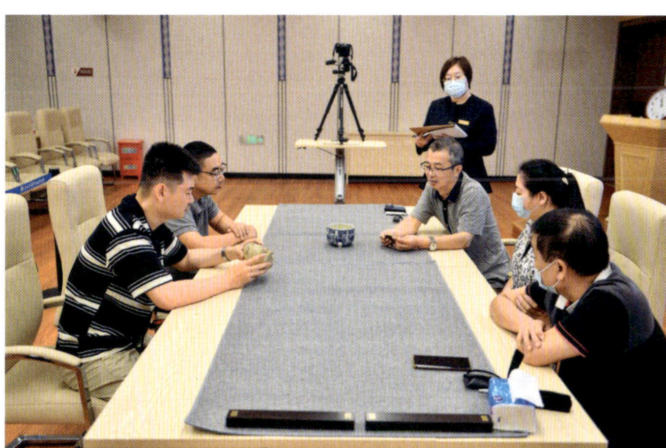

2023年6月9日，广西博物馆为公众提供公益性鉴定服务

协助办理186起案件，鉴定完成14061件（套）涉案文物，其中二级文物23件（套）、三级文物257件（套）、一般文物10608件（套）。

公益性文物鉴定咨询服务。多年来，广西博物馆会不定期在国际博物馆日、文化遗产保护宣传月等时期，举办馆藏文物鉴赏、民间藏品鉴赏等活动，为广大藏友提供鉴赏交流平台。2022年11月，广西博物馆被国家文物局、自治区文物局指定为全区唯一一家公益性文物鉴定咨询服务机构，2023年始面向全区开展该项服务。为做好文物鉴定咨询服务，广西博物馆制定了工作方案，规范操作流程，明确鉴定服务范畴，清晰双方权责，为服务的顺利开展提供了保障。同时综合考虑历年鉴定服务情况、文物安全、惠民性以及广西博物馆鉴定专家队伍结构等因素，先后选定了书画类、杂项类、陶瓷器类、金属器类、书画杂项综合类为鉴定服务内容，举办多场活动，为民间藏友提供服务。鉴定人员从藏品的形态、工艺以及时代风格特点等方面判定藏品的年代和收藏价值，现场解答藏友的疑惑并提供倾向性意见，也向藏友普及文物鉴赏知识、文物保护利用知识、文物保护法等。

2014—2024年，广西博物馆在藏品的管理、利用、征集、鉴定等方面都取得了喜人的成绩。未来，在保持文物藏品管理业务良好发展的基础上，广西博物馆将进一步提升科研能力，在挖掘文物藏品文化内涵、促进文物资源活化利用方面持续发力；将以继续完善藏品体系、服务展览需求为方向，持续做好藏品征集工作；将继续坚持开展民间藏品鉴定咨询服务和涉案文物鉴定工作，充分发挥博物馆服务社会的功能，为广西文博事业的高质量发展贡献力量。

第五章

十年磨炼

——陈列展览蝶变路

博物馆陈列展览是展示和传播中华优秀传统文化、地域文化的闪亮名片。2014—2024年，广西博物馆的陈列展览主要经历3个发展阶段。第一阶段，2014—2018年原陈列大楼暂停开放服务前，坚持举办各类主题的原创展览，不断推陈出新，特别是推出书画原创展览品牌“丹青桂韵”。第二阶段，2018—2022年原陈列大楼暂停开放服务后，除了紧抓改扩建项目的各项筹备工作，广西博物馆还以在其他展馆举办原创展览和向地市级博物馆输出展览的形式，继续满足广大人民群众的观展需求。第三阶段，2022年广西博物馆完成改扩建，面向社会公众开放后，“基本陈列+专题展览+特别展览+延伸展示”的展览体系日臻完善。改扩建后的展厅面积由4000余平方米增加至约1万平方米，2个展览获得全国博物馆十大陈列展览精品特别奖，2个展览入选“弘扬中华优秀传统文化、培育社会主义核心价值观”主题展览推介项目名单。

广西博物馆不断发挥陈列展览在展示中华文明辉煌灿烂成就和重大贡献、弘扬中华优秀传统文化、丰富社会历史文化滋养等方面的独特作用，不断提升陈列展览质量和公共文化服务水平，增强博物馆的文化影响力，取得了良好的社会效益。

一、原创为本，奋楫笃行

2014—2018年，广西博物馆努力克服展厅数量和空间的限制，积极探索、主动创新，持续策划举办各类原创展览，注重创意和选题，采用主题叙事与多重维度信息传达的手法，以讲好广西故事为着力点，强化以原创展览载道、以原创展览植德。在重大纪念日和节假日有序推送各类主题的原创展览，构建主题鲜明、公众满意度高、社会影响力大的博物馆展览品牌。其间，通过原创展览的策划和实施，培养了一批优秀的策展人。面对改扩建这一新的挑战，策展团队成员积极应对，充分发挥各自的专业优势，积极策划筹备改扩建后的陈列展览。

（一）塑造书画展览品牌“丹青桂韵”

广西博物馆依托得天独厚的书画藏品资源，打造“丹青桂韵”展览品牌，展览覆盖馆藏书画作品精品，广西书画世家、名人字画，广西近代美术作品、传统绘画等，构成系列主题展。“丹青桂韵”主题展的轮换常新，让珍贵馆藏书画资源走出“深闺”，展现中国美术史的发展脉络，凸显广西地方美术在明代至民国时期美术发展进程中举足轻重的地位。

2014年3—5月，推出“丹青桂韵——桂北李氏一门书画作品展”，展出李熙垣、李吉寿、李纪瑞、李翰华、李琪华、李允元、李炳等人的作品46件（套）。桂北李氏一门自清嘉庆道光年间的李熙垣始作画，是清代广西具有影响力的文化世家，在诗词、书画、金石等领域取得了非凡成就。该展览展示了桂北李氏一门八代的书画成就，重点突出擅画山水的李熙垣、擅画梅花的李吉寿的成就。

2014年9—12月，推出“丹青桂韵——馆藏齐白石、黄宾虹、徐悲鸿、张大千精品画展”，展出作品44件（套）。齐白石、黄宾虹、徐悲鸿、张大千是享誉海内外的一代画坛巨匠，与广西有着深厚的不解之缘。展览遴选了这4位大师在广西工作或交游期间创作的精品力作，展现他们如何助推广西美术事业发展的历史。

“巨匠丹青——馆藏齐白石、黄宾虹、徐悲鸿、张大千精品画展”

2015年1—3月，推出“丹青桂韵——馆藏山水画精品展”，展出作品42件（套）。此次展览汇集了“四王（王时敏、王鉴、王翚、王原祁）”、“四僧”（石涛、八大山人、髡残、弘仁）、金陵画派、新安画派等众多明清时期山水画名家、画派的画作，艺术风貌多样，显示了广西博物馆收藏明清艺术大师作品的实力。该展览中的清代作品于2018年1—3月在玉林市博物馆举办的“澄怀观道——广西博物馆藏清代山水画展”展出。

2015年4—7月，推出“丹青桂韵——馆藏花鸟画精品展”，展出明清至近现代花鸟画精品35件（套），其中包括陈淳、恽寿平、石涛、李鱓、黄慎、罗聘、居廉、任伯年、吴昌硕及近现代齐白石、陈半丁、高剑父、陈树人、张大千等名家作品。花鸟画作为一种或怡情或悟道的载体，既体现着传统的人文精神，也流溢出现实情怀和世俗情趣。

2015年7—10月，推出“丹青桂韵——馆藏明清人物画展”，展出作品44件（套）。此次展览选用明代宫廷画家上官伯达、明代海派人物画的开山人

“丹青桂韵——广西近代美术教育名家作品展”

物陈洪绶、清代宫廷画家焦秉贞、清代《芥子园画传》作者王概等人的作品，展现了明清人物画在贴近平民趣味、突破传统绘画形式和审美格调等方面的独特贡献。

2016 年 1—4 月，推出“丹青桂韵——馆藏明清书法精品展”，展出作品 30 件（套）。有明中期文徵明、王宠、周天球、王穉登等吴门书派的作品，也有明后期董其昌、张瑞图、黄道周、王铎等人的作品，还有清代刘墉、王文治、翁方纲、梁同书、何绍基等名家之作。展品涉及诸多流派，涵括篆、隶、楷、行、草各种书体，呈现了明清书法的艺术风貌。

2016 年 7—10 月，推出“丹青桂韵——广西近代美术教育名家作品展”，展出作品 40 件（套）。展览遴选“西画传入广西第一人”帅础坚和阳太阳、朱培钧、黄独峰、徐悲鸿、马万里、关山月等人的作品，引领观众回顾广西近代美术教育发展史，让观众认识到从 20 世纪 20 年代开始，许多广西籍和到广西的书画名家成为广西近代美术教育的先行者和中坚力量。

2017 年 1—4 月，推出“丹青桂

韵——馆藏明清扇面展”，展出扇面书画作品60件（套）。展览选用黄道周、张慎言、居廉、边寿民、恽寿平、樊圻、王鉴等名家之作，以及周必超、李吉寿、宋培基、王寿龄、阳煦等广西籍人士作品，呈现扇面这一传统书画中的特殊形制所具有的艺术魅力。

（二）受赠文物展览回馈社会

受赠文物是博物馆藏品的主要来源，为了宣传和答谢捐赠人的义举，激励更多的人关爱博物馆事业，广西博物馆举办了若干个受赠文物展。

2014年3—5月，推出“奇珍共赏——馆藏捐赠文物特展”，展出75件（套）受赠文物，包括莫文骅家属、李济深家属、杨铨、谢扶民家属、关瑞梧三姐妹等人收藏的名人字画、瓷器、文房四宝等精品。

2014年5—6月，举办“马慧先女士捐赠马万里用章及印拓立轴捐赠仪式暨‘方寸之间显真章——马万里先生用印展’”；6—7月，与常州博物馆联合举办“墨妙印绝不犹人——马万里书画篆刻艺术回乡特展”，展出馆藏文物50件（套）和马万里亲属收藏品48件（套）。2016年7月，举办“撷英集珍　民间典藏——马万里书画精品展”。2017年11月，举办“万里遗风——马

“撷英集珍　民间典藏——马万里书画精品展”海报

家三代书画精品展”，展出了马万里女儿、外孙先后向广西博物馆捐赠的书画作品153件（套）。

2013年10月，罗宝珊家属向广西博物馆捐赠广西籍画家罗宝珊各时期创作的油画、国画、书法、素描、速写、册页和水彩画118件（套）。广西博物馆于2014年6—9月推出“罗宝珊艺术人生回顾展”，展现罗宝珊扎实的艺术功底和艺术成就。

（三）各类主题展览精彩不绝

2015年9—12月，推出“广西人的抗战——纪念中国人民抗日战争暨世界反法西斯战争胜利70周年展览”，该展

览通过67件（套）文物、293幅照片，还原抗战时期广西逾400万军民奋力保家卫国的史实，展示了广西儿女在抗日战争中所表现出来的坚忍不拔、竭诚报国的精神。

2016年12月，推出将织绣传承与精准扶贫有机结合的成果展，即“绣里八桂——文化技能扶贫暨广西民族传统织绣培训计划学员作品展”。展览介绍了传统民族织绣桂绣的源起、传承与发展，展现了桂绣的魅力和蓬勃朝气。

2017年3—6月，举办“桂花与壮太——壮锦太鲁阁锦历史文化展”，展示广西壮锦和台湾太鲁阁锦的历史与现状，讲述2种织锦具有高度的相似性，均以工艺独特、构图巧妙、色彩繁复而著称，是两地人民质朴、优雅生活的物质化体现。2017年12月，该展在云

“绣里八桂——文化技能扶贫暨广西民族传统织绣培训计划学员作品展”

“生灵其境——黄嵩和广西自然摄影展”

南省博物馆展出。

2018 年 2—4 月，举办“生灵其境——黄嵩和广西自然摄影展”，该展览以纪实影像的形式，以栖息生长在广西境内的世界濒危、珍稀野生动植物白鹭、红树林、金花茶、白头叶猴等为主题，展示祖国边境民族地区人与自然和谐发展，以及广西生态文明建设的丰硕成果。

2018 年 4—5 月，举办“大师笔下的广西——广西博物馆藏广西风物画展”，展出作品 35 件（套）。此次展览选用描绘广西山水风景、特色物产、历史人物等不同题材的画作，时间跨度从清代到当代。展览诠释了作品背后的故事，首次展示了大量的馆藏油画作品。

2018 年 5—7 月，由自治区文化厅主办、广西博物馆主创和实施的“心仪广西　六十国宝——广西壮族自治区成立 60 周年文物博物馆事业成果展”在南宁博物馆首展。展览集中展出了广西区内 10 多家博物馆和文博机构的 64 件“镇馆之宝”，其中绝大多数文物为国家一级文物，通过国宝讲述广西故事，反映广西历史。展览还介绍了广西文博行业在考古发掘、藏品体系、保护修复、场馆建设、陈列展览、学术研究、文创开发等方面的成就。该展览先后在广西各市博物馆展出：2018 年 7—8 月在桂

“大师笔下的广西——广西博物馆藏广西风物画展”

“心仪广西　六十国宝——广西壮族自治区成立60周年文物博物馆事业成果展”

林博物馆、2018年8月在梧州市博物馆、2018年9月在玉林市博物馆、2018年9—10月在贵港博物馆、2018年10—12月在柳州博物馆、2018年12月—2019年3月在广西民族博物馆展出。

2019年8—9月，由自治区文化和旅游厅主办、广西博物馆主创和实施的“八桂烽火　涅槃新生——广西革命文物展”在南宁博物馆首展，通过展示不同时期的各类革命文物，讲述文物背后的动人故事，弘扬文物蕴藏的革命精神，激发广大干部群众缅怀革命先烈、努力建设中国特色社会主义的爱国热情。该展览先后在广西各市博物馆展出：2019年9—10月在玉林市博物馆、2019年10—11月在桂林博物馆、2019年12月—2020年1月在百色起义纪念馆、2020年1—4月在柳州博物馆、2020年4—6月在来宾市博物馆展出。

2021年6月，由自治区文化和旅游厅主办，广西博物馆、广西民族博物馆承办的“红旗漫卷壮乡——中国共产党在广西革命历程文物图片展”在广西民族博物馆首展，展览回顾中国共产党在广西的革命历程，总结和提炼中国共产党领导广西革命的历史经验和精神财富。该展于2021年8—10月在玉林市博物馆、2021年11—12月在桂林博物馆展出。

“八桂烽火　涅槃新生——广西革命文物展”海报

二、展览为媒，交流互鉴

广西博物馆重视通过不断探索交流展览的内容和形式，从多个角度弘扬中华优秀传统文化。通过持续举办交流展览，加大区域之间文化交流的力度，促进传统与现代融合、审美互鉴。交流展览的内涵不断丰富，增进了广西博物馆与全国其他省级博物馆的友谊，实现了资源共享、协同发展、平台共建。尤其是2018—2022年改扩建期间，广西博物馆积极参加区域联展，持续向区内外输出各类精品展览。

（一）引进展览精彩纷呈

广东和广西同处岭南，同为古代丝绸之路的重要区域，在推动共建丝绸之路经济带和21世纪海上丝绸之路的时代背景下，广西博物馆加强与广东省各级博物馆的紧密合作，具有深远的意义。此外，广西博物馆还携手湖北省博物馆举办展览，让广西本地的观众足不出户就可以了解长江流域的楚地文化。

2014年8—10月，广西博物馆引进东莞市博物馆“粤海清风——东莞市博物馆藏岭南名家扇面展”，展览分为“山水寄情”“花鸟娱性”“诗书入画”3个部分，展出扇面作品79件（套），内容涉及山水、花鸟、人物、书法等。既有岭南名家高俨、何翀等文人画家的作品，也有张敬修、李文田、陈澧、梁鼎芬等官绅、学者的感怀之笔。

2014年12月—2015年3月，广西博物馆引进广东省博物馆“异趣·同辉——广东省博物馆藏清代外销艺术精品展”，共展出文物86件（套），分广绣、广彩、广雕、外销画、外销银器、外销漆器、外销扇、名片盒等8个门类，展出了一批洋溢着中华民族传统风格、广东本地审美趣味，又散发着异国情调的中国外销艺术品。从中透见中西融合、异趣盎然的中国外销艺术品曾在西方掀起了一股“中国风”的社会时尚。

2016年3—6月，广西博物馆引进湖北省博物馆“穆穆曾侯——湖北郭家庙擂鼓墩出土文物特展”，展出文物308件（套），涵盖礼器、乐器、兵器、车马器、玉石器等。该展览集中展示了湖北枣阳郭家庙曾国墓地及随州擂鼓墩曾侯乙墓的发掘成果，让观众了解2000多

“穆穆曾侯——湖北郭家庙擂鼓墩出土文物特展”

年前曾国的历史与文化，尤其是曾国早期的礼乐文化、车马制度、冶金技术。

（二）输出展览联动发力

广西博物馆围绕西瓯和骆越、少数民族等地域文化特色，盘活馆藏特色资源，联动办展的水平显著提升。广西文物频频亮相异地，共同讲述多元一体的中华文明历史，展示泱泱华夏绵延不断的优秀传统文化，解码中华文明得以保存、发展和繁荣的原因。

2014 年 8—10 月，“畬山、畬水、畬人——广西壮族文化展”在浙江省博物馆武林馆区举行，展览由广西博物馆、广西民族博物馆联合举办，以壮语中的“畬”（意为“水稻田”）字为主题，分为“据畬而作”“凭畬而居”“靠畬而饰”“依畬而乐”4个单元，通过3馆合计174件（套）的藏品，充分展示“畬”山、“畬”水、“畬”人的魅力与风采。2015 年 7—9 月，“畬山、畬水、畬人——广西壮族文化展”在苏州博物馆举办。2015 年 10—12 月，“五彩广西——广西壮族历史文化展”在南京博物院举办。2016 年 1—4 月，“畬山、畬水、畬人——广西壮族历史文化展”在广东省博物馆举办。2016年12月—2017年3月，“㽘山、㽘水、㽘人——广西壮族历史文化展”在辽宁省博物馆举办。

2016年6—7月，“瓯骆印象——广西百越文化文物精品展”在镇江博物馆举办，展出文物89件（套）。西瓯和骆越是战国至汉代百越族群中活跃在岭南的两大部族，瓯骆是西瓯和骆越的简称。该展览讲述了早在商代，瓯骆与中原即有交往，东周时期的瓯骆文化极具代表性。到了秦汉，广西的文化面貌呈现多元色彩。汉武帝以后，在中央王朝的直接统治下，瓯骆与中原及其他地区的文化面貌逐渐趋于统一，是多元一体中华民族的重要组成部分。

“这里的石头会说话——石质文物精品展”是广西博物馆2010年推出的原创展览。展览遴选馆藏最具代表性的石器、玉器、滑石器、砚台等4类石质文物，诠释石质文化遗产博大精深的文化内涵，揭示了人类在与石质器物长期的

“㽘山、㽘水、㽘人——广西壮族文化展”在苏州博物馆举办时的海报

“㽘山、㽘水、㽘人——广西壮族历史文化展”在广东省博物馆举办时的海报

"这里的石头会说话——石质文物精品展"

互动过程中不断提高认知能力和技术水平的历史。2016年10—11月、2017年6—11月、2018年5—8月，该展分别在南宁博物馆、玉林市博物馆、防城港市博物馆展出。

由广西博物馆、云南省博物馆、四川博物院、西藏博物馆、青海省博物馆、甘肃省博物馆、陕西历史博物馆、内蒙古博物院等8家文博单位联合举办的"茶马古道——西部八省区文物联展"，展示了茶马古道与古代陆上丝绸之路、海上丝绸之路的关联，展示了茶叶与古代中国社会生活的关系，再现了茶马古道发轫、发展和繁荣的过程。在中国博物馆协会"丝绸之路"沿线博物馆专业委员会的积极联络和协调下，2015年11月以来，该展先后在全国多个省（自治区、直辖市）展出：2015年11月—2016年2月在云南省博物馆、2016年3—6月在甘肃省博物馆、2016年9—11月在四川博物院、2017年3—6月在辽宁省博物馆、2017年7—10月在河北博物院、2018年1—3月在天津博物馆、2018年4—6月在宁波博物馆。

由重庆中国三峡博物馆牵头，联合广西博物馆、贵州省博物馆、四川博物院、云南省博物馆、成都博物馆、金沙遗址博物馆、三星堆博物馆等西南博物馆联盟成员共同策划的大型展览"盛筵——见证《史记》中的大西南"，从特定角度展示了西南地区的青铜文明，再现了西南地区融入中华大家庭的历史进程，也见证了南方丝绸之路的拓展。2018年9月，该展在重庆中国三峡博物馆举行了首展，展出文物202件（套），分别探寻《史记》中战国至汉代神秘的西南古国巴、蜀、夜郎、滇、南越等。该展荣获2019年第十七届全国博物馆十大陈列展览精品奖。2019年1月，该展在贵州省博物馆展出。2019年5月，该展更名为"国宝盛宴——《史记》中的西南边疆"在云南省博物馆展出。

2019年9月，"丝路启航——广西古代海上丝绸之路文物特展"在上海市闵行区博物馆展出。展览分为"渡海""江海相连""延续与传承"3个部分，共展出广西出土的汉代海上丝绸之路文物120件（套）。展览生动再现了汉代海上丝绸之路贸易、科技与文化传播、人员往来的人文图景，以及岭南与中原地区密切交往的历史，见证了我国与东南亚、南亚、西亚及地中海等文明区域在商品贸易、科技文化、生活审美等方面交流、融合与发展的历程。2020年5—9月，“丝路启航——广西汉代海上丝绸之路文物特展”在广州南汉二陵博物馆展出，展览分为“跨洋过海”“兼容并蓄”“江海相连”3个部分。2022年1—5月，“丝路启航——广西汉代海上丝绸之路文物特展”在玉林市博物馆展出。

2020年1—8月，由广西博物馆与玉林市博物馆共同举办的“室庐清赏——古代文房用具展”在玉林市博物馆展出。展览分为“书画益友——良砚佳墨”“书斋清赏——文房雅玩”2个部分，从材料、形式、工艺等角度，展现了文房用具形成的历史脉络及其所蕴含的文人风尚。

2020年1—4月，“瓷美如花——广西博物馆藏瓷器精品展”在贵港博物馆举办，展览以时间为序，分为出土瓷器与传世瓷器2个部分，展品年代远至战

“盛筵——见证《史记》中的大西南”海报

国，近及清代，不仅有广西重要窑口的出土器物，也有广西博物馆藏的国内其他地区的精美瓷器，既突出了广西瓷器历史发展的地域特点，也展示了我国瓷器发展所取得的辉煌成就。整个展览展现了我国瓷器从简单到复杂、从粗糙到精致的发展脉络与深厚的文化内涵。

2021年2—5月，“巧手匠心——历代工艺品展”在玉林市博物馆展出。展出文物218件（套），分为“琢玉成器”“雕艺流音”“漆彩威扬”“铸铜炼彩”“紫坭春华”等5个部分，展示了玉雕、竹木牙角雕、漆器、珐琅、紫陶器等多种精美的传统工艺品，彰显古人巧夺天工的工艺技术，以及令人惊叹的中式美学风采。

青少年参加“巧手匠心——历代工艺品展”相关活动

三、体系为舵，扬帆起航

2022年，随着改扩建新馆建成，广西博物馆打造了全新的展览体系，至2024年“基本陈列+专题展览+特别展览+延伸展示”展览体系基本形成。全新的展陈体系吸纳最新研究成果，更好地实现用文物挖掘广西历史人文内涵，展现广西形象，讲好广西故事，反映边疆历史及各民族交往交流交融的历史，推动文化和旅游融合，持续掀起观展热潮，助力建设新时代中国特色社会主义壮美广西。

“广西古代文明陈列”是广西博物馆建馆以来第一个全面展示广西古代文明演变进程的基本陈列。展览面积1756.23平方米，展出文物988件（套）。陈列充分吸收运用中华文明探源工程的学术研究成果，紧握铸牢中华民族共同体意识主线，以时间为经，以文化为

“广西古代文明陈列”

纬，分为“文明曙光”“瓯风骆韵”“多元一体”“经略有方”“边疆巩固”等5个部分，通过手斧、大石铲、花山岩画、铜鼓、摩崖石刻等展现地域特色文化，生动阐释广西古代文明悠久、多元、融合、开放、同心的特点。该展览和“合浦启航——广西汉代海上丝绸之路”展览联合申报获得第二十届（2022年度）全国博物馆十大陈列展览精品特别奖。

广西壮族自治区博物馆

广西壮族自治区博物馆新馆基本陈列

荣获第二十届（2022年度）全国博物馆十大陈列展览精品

特别奖

中国博物馆协会 中国文物报社

2023年5月18日

广西博物馆新馆基本陈列荣获第二十届（2022年度）全国博物馆十大陈列展览精品特别奖

“烽火南疆——广西近现代革命史陈列”展览面积1036.59平方米，展出文物225件（套）。展览讲述1840年鸦片战争以后，中国逐步沦为半殖民地半

“烽火南疆——广西近现代革命史陈列”

封建社会，为了反抗封建主义、官僚资本主义、帝国主义的重重压迫和剥削，广西各族人民掀起了轰轰烈烈的革命斗争。展览通过“太平天国”“抗法固边”“共和曙光”“高擎红旗”“抗日救亡”“八桂新天”等6个部分，诠释了广西历经太平天国运动、援越抗法、辛亥革命、国民革命、土地革命、抗日战争和解放战争后，最终在中国共产党的领导下，实现了各族人民的解放。该展览入选2024年度“弘扬中华优秀传统文化、培育社会主义核心价值观”主题展览推荐项目名单。

“合浦启航——广西汉代海上丝绸之路”是国内首个以汉代海上丝绸之路为主题的常设展览。展览面积1036.59平方米，展出文物269件（套）。展览通过“兼收并蓄：科技传播与文化交流”“江海相连：海上丝绸之路的辐射与延伸”2个部分，讲述广西合浦是古代海

“合浦启航——广西汉代海上丝绸之路”

“釉彩斑斓——馆藏瓷器陈列”

上丝绸之路的重要始发港，也是我国最早的对外通商口岸之一。汉王朝以合浦港为重要节点，外联内通，建立起与东南亚、南亚、西亚甚至地中海地区的密切联系。广西合浦作为汉王朝沿海开放的前沿，中外文明在此碰撞交融，留下各种璀璨的珍宝，向世人诉说着丝路启航、踏星而归的历史故事。

“釉彩斑斓——馆藏瓷器陈列”展览面积825平方米，展出文物254件（套）。展览将釉彩作引，以时代为序，雅俗同珍，分为“釉化千光”“彩绘万象”2个部分，通过馆藏瓷器，介绍生瓷、低温釉、高温釉、釉下彩、釉上彩、青花加釉上彩等，讲述3000年来从未间断的中国古代瓷器发展史，及其在世界文明史中谱写的传奇。

“匠心器韵——馆藏工艺珍品陈列”展览面积425平方米，展出文物218件（套）。展览通过“琢玉成器”“镂竹刻角”“髹漆嵌钿”“铸铜炼彩”“抟土塑陶”等5个部分，诠释中国古代工艺美术悠久的历史、别具一格的风范、高超精湛的技艺和丰富多彩的形态，展现中国古代工艺美术品是中华优秀传统文化的艺术瑰宝，丰富和深化了社会公众对劳模精神、工匠精神的认识。

“亦器亦趣——馆藏文房用具陈列”展览面积303平方米，展出文物188件（套）。该展览立足馆藏文房用具，通过

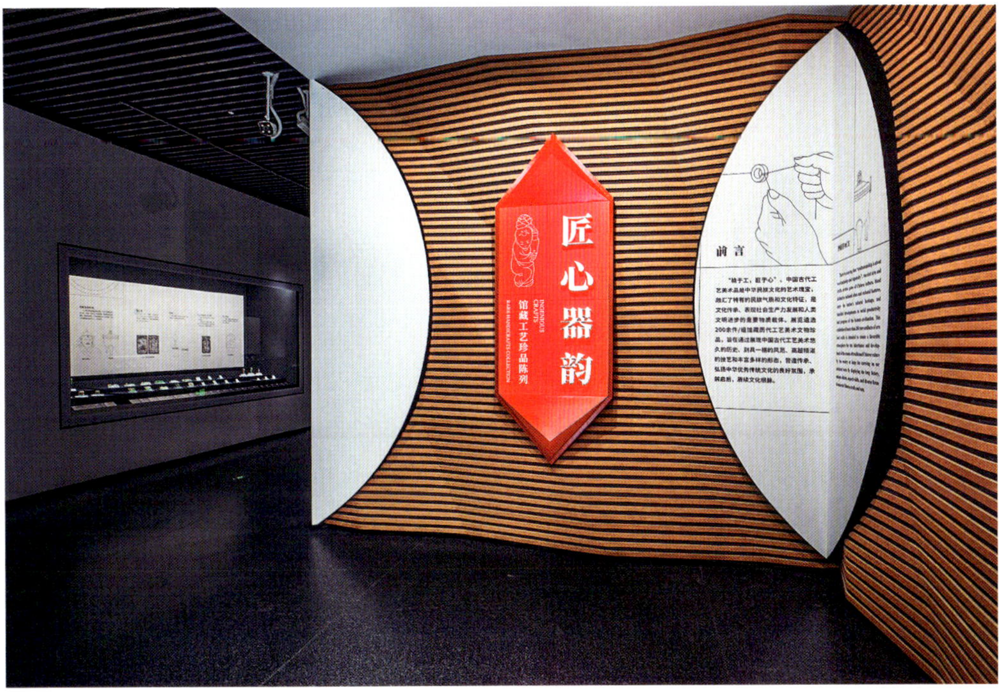

“匠心器韵——馆藏工艺珍品陈列”

“亦器亦趣——馆藏文房用具陈列”

“结庐人境”“古贤雅趣”“物我自得”3个部分，构建古代文人的文房场景空间。展览突出体现文房用具的历史价值、美学价值及学术价值，促使世人从各种不同的角度了解古代文人的文化生活和精神境界，更给人以人生道路的启迪与思考。

“图会前贤——馆藏明清文人画家作品陈列”展览面积468平方米，展出文物44件（套）。在该展览中，“前贤”指文人画家，“会”既希望观众与文人画家跨越时空相遇，更希望观众借助此展览对文人画家的世界有更深的领会和理解。展览分为“素居弄清影”“雅集觅知己”“闹市循孤音”“山谷闻语响”等4个部分，从书斋、雅集、画市、山林等不同的地点渐入，象征文人画家越来越高深的境界，引导观众结合文人画家的经历、爱好、时代背景等，从诗、书、画、印等4

“图会前贤——馆藏明清文人画家作品陈列”

个方面赏析文人画作。

“万卷·书生——馆藏古籍陈列”展览面积327平方米，展出文物116件（套）。该展览通过“书海之源”“书装之美”“书香桂影”“书卷之传”等4个部分，介绍中国古籍的起源、发展和繁荣，古籍中的插图，古籍中的广西，古籍的收藏、传承等。该展览入选2023年度“弘扬中华优秀传统文化、培育社会主义核心价值观”主题展览推荐项目名单。

“鼓动八桂　声震九州——广西古代铜鼓文化数字化陈列”由线上展示平台、线下数字展厅2个部分组成，线下数字展厅面积902平方米。线下数字展厅通过裸眼3D屏、视觉互动、魔屏触摸交互、AR（增强现实）、动作捕捉、裸眼VR（虚拟现实）虚拟漫游、全息投影、智能桌面交互等多种先进的数字技术，打

“万卷·书生——馆藏古籍陈列”

“鼓动八桂　声震九州——广西古代铜鼓文化数字化陈列”

造国内外首个铜鼓专题的数字化展厅。展览全面展示了广西古代铜鼓文化的整体面貌，通过“铜鼓之乡”“铸铜为鼓”“铜鼓之用”“壮美铜鼓”等4个主题，多维度营造沉浸式的观展体验，不仅科技感十足，还具有极强的趣味性。

新的陈列大楼开放后，广西博物馆围绕铸牢中华民族共同体意识、红色文化、文明交流互鉴、当代艺术等主题，精心策划临时展览，推出了特展“我们这十年（2012—2022年）——新时代广西文化旅游发展成就图片展”“三秦华章　光耀四方——陕西周秦汉唐文物精华展”。2022年11月—2023年3月举办“南方诗意——广西油画风景精品邀请展”，2023年6—7月举办“壮美多彩　人文风华——广西少数民族题材美术精品展”，2023年7—10月举办“不朽的印迹——新民主主义革命时期广西红色标语展”，2023年8—9月举办“隽永的异彩——韦锦乐先生收藏俄罗斯美术作品展”，2023年10—11月举办“南方梦想——桂林山水油画作品展”，2023年11月—2024年2月举办“大河文明”展，2023年12月—2024年2月举办“和谐之道——《国家地理》杂志镜头中

“不朽的印迹——新民主主义革命时期广西红色标语展”

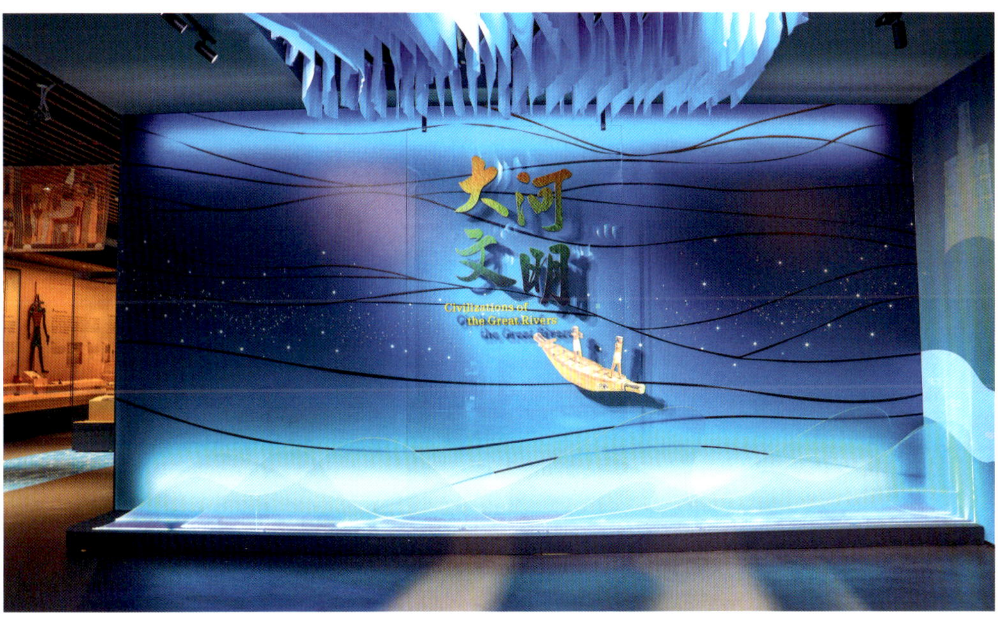

“大河文明”展

“和谐之道——《国家地理》杂志镜头中的经典自然影像”展

的经典自然影像”展。

随着陈列展览的逐步更新和完善，广西博物馆将无愧使命、实干为要，深刻践行习近平文化思想，充分挖掘馆藏文物的价值及其文化内涵。在策划和举办原创展览的基础上，广西博物馆秉持“走出去”和“引进来”方针，积极探索多馆联展、巡展，不断探索新模式，不断提升博物馆文物资源的展示利用水平，为社会呈现更为精美的陈列展览。

第六章

用心服务

——教育讲解绘新章

广西博物馆社会教育工作以为社会公众提供高质量的公共文化服务为宗旨，建馆以来，社会教育工作从无到有，从单一到发展建设成为更具科学性、艺术性、多样性、针对性的社会教育体系。同时，广西博物馆时刻牢记使命，强化示范引领，在社会教育人才培养、资源整合共享等方面发挥积极作用，推动全区文博社会教育工作共同进步。

广西博物馆创立初期，由于条件有限，一直没有设立专门的宣传教育机构，也没有专职讲解员。1958年，为配合“广西近百年革命文物展览”的宣传讲解工作，广西博物馆开始招聘第一批讲解员，在馆办公室设讲解组，这就是现今广西博物馆社会教育部（简称社教部）的雏形。

2008年实行免费对外开放后，广西博物馆不断顺应时代发展潮流，秉承“以人为本”的服务理念，不断从硬件和软件上加强公共服务建设，积极探索公共教育的新思路和新方法。在发展壮大的过程中，广西博物馆在馆内与馆外都创新开展了多种形式的社会教育活动，使更多公众得以了解广西历史文化。同时，有针对性地开展关爱特殊群体的社会教育活动，通过爱心展览、爱心课堂、爱心图书角以及爱心帮扶等形式积极关爱留守儿童、贫困学生等。

2014—2024年，广西博物馆坚持以满足人民群众的需求为导向，以助力全龄段观众终身学习为使命，以讲好广西故事为目标，打造了一批具有本地文化、馆藏文物特色的社会教育品牌项目。“跟着博物馆游广西”研学旅行项目获评“2021全国文化遗产旅游百强案例”，“行走的广西博物馆”文旅融合项目获评“2022全国十佳文化遗产旅游案例”。2023年，广西博物馆入选全国关心下一代党史国史教育基地。在着力发展社会教育精品项目的同时，广西博物馆培养了一批有情怀、敢创新的社会教育人才，培育了一支高质量的公共文化志愿服务队伍，他们以饱满的精神面貌传递文化的温暖。

荣誉证书
广西壮族自治区博物馆：
你单位申报的“跟着博物馆游广西”研学旅行项目被评为：
2021全国文化遗产旅游百强案例
特颁此证，以资鼓励。
中国文物学会　中国文物报社
二〇二一年十月

2021年10月，“跟着博物馆游广西”研学旅行项目获评“2021全国文化遗产旅游百强案例”

2023年5月，广西博物馆入选全国关心下一代党史国史教育基地

中国文化遗产
China Cultural Heritage
广西壮族自治区博物馆
贵单位申报的“‘行走的广西博物馆’文旅融合项目”被评为：
2022全国十佳文化遗产旅游案例
特颁此证。
中国文物学会　中国文物报社
2023年10月
中国文物报

2023年10月，“行走的广西博物馆”文旅融合项目获评“2022全国十佳文化遗产旅游案例”

一、教育品牌多元发展

广西博物馆秉承立足广西、面向全国、根植传统、拥抱未来的理念，积极开发丰富多元的文旅融合项目，不断加强文物价值阐释传播，始终坚持对中华优秀传统文化的创造性转化、创新性发展，积极探索让文物活起来的新路径、新模式，以更好地满足广大人民群众对美好生活的向往需求，积极推动经济社会发展。

“瓯骆学堂”青少年历史文化公益课堂荣获2018年广西志愿服务项目大赛金奖

（一）“瓯骆学堂”青少年历史文化公益课堂

“瓯骆学堂”青少年历史文化公益课堂受众主要为5—14岁的少年儿童。项目的确立，是希望以“瓯骆”之名，从馆藏广西历史文物精品中提炼教育资源，普及广西乃至中国悠久灿烂的历史文化，进一步塑造广西特有的“瓯骆”文化符号，使观众加深对广西本土特色文化以及中华优秀传统文化的认同。项目采用分龄化、一体化设计理念，课程内容包括广西历史文化、红色文化、民族文化、中国传统节日文化等4个主题。该项目入选文化部“春雨工程”志愿服务项目并获专项经费支持，曾获广西志愿服务项目大赛金奖、全区博物馆社会教育品牌项目等荣誉。

少年儿童踊跃参加"瓯骆学堂"相关研学活动

（二）专家导赏，深度解读

2023年12月16日，广西文物保护与考古研究所杨清平研究馆员为观众导赏“隋唐五代两宋时期的广西历史”

2023年，广西博物馆依托馆藏资源与馆内展览推出专家导赏活动，大力打造社会教育品牌，先后邀请了潘汁研究馆员、蒋廷瑜研究馆员、熊昭明研究馆员、林峰研究馆员、杨清平研究馆员、蓝韶昱研究馆员、袁俊副研究馆员等专家学者开展导赏活动。在参观过程中，观众们近距离聆听了专家学者细致入微、引人入胜的解读，深入了解了历史悠久、多元融合、开放包容的广西古代文明。为保证导赏活动顺利开展，每期活动预约限额50名观众，至2024年4月已举办8期。观众们对专家导赏活动赞不绝口，纷纷表示“意犹未尽”“收获颇丰”。

2023年10月22日，广西博物馆原馆长蒋廷瑜研究馆员为观众导赏“探寻神秘的罗泊湾”

（三）“文化遗产周周学”社会教育美育项目

“文化遗产周周学”受众主要为4—12岁的少年儿童。课程主要依托馆藏文物资源开发美术类、欣赏类课程，以手工制作的互动体验作为辅助形式，以此不断丰富和发展少年儿童的艺术审美情趣，使之领悟五千年中华文明的博大精深，促进少年儿童科学发展观的形成和健康品质的塑造。

少年儿童积极参加“文化遗产周周学”相关活动

（四）“跟着博物馆游广西”研学旅行项目

“跟着博物馆游广西”研学游线路曾获评广西“十佳研学线路”以及中国博物馆协会主办的2015—2019年度博物馆研学课程及线路推介活动“最佳线路”。该项目围绕广西独特的历史文化、民族文化、海洋文化、边关文化与山水文化，运用“串珠成链”的思路，以博物馆为“文化中枢”，将“读景、读书、读史”与“游历、游玩、游学”紧密结合起来，带领青少年走进广西各地博物馆、文化与自然遗产地等。项目立足广西历史文化和自然风光，围绕“以文促旅，以旅彰文”主题，充分发挥博物馆的优势，结合青少年的认知规律、年龄特点和体力情况，进行课程研发设计。

项目所有课程均结合教育认知规律，进行“兴趣引导—任务驱动—潜力激发—过程指导—反思总结”的闭环设计，通过采用“预热—实地参观—主题探索—专家解读—心得分享”的五步学习法，保证游学课程的有效实施。行程配备资深游学导师，博物馆专家全程参与，有效拓展了活动的广度和深度，让青少年深切感受广西深厚的人文历史和秀美的自然风光，领悟多姿多彩的广西文化。

“跟着博物馆游广西”研学旅行项目获得的相关荣誉

“跟着博物馆游广西”研学旅行项目共开发了8条游学主题线路，分别为：“寻找千年海丝印记”小航海家之旅、“南北文化融合”穿越之旅、“明媚三月三”民族文化之旅、“我的城我的家”城市记忆之旅、红色文化之旅、“寻找消失的南越国”粤桂文化之旅、“探秘茶马古道”滇桂文化之旅、“楚越文化寻踪”鄂桂文化之旅。

青少年兴致勃勃地参加“跟着博物馆游广西”研学旅行活动

2018年6月9日，“跟着博物馆游广西之寻找老南宁的记忆”活动合影

（五）“行走的广西博物馆”流动博物馆互动展示项目

“行走的广西博物馆”以文博主题改装车、车尾箱集市、快闪活动、文化沙龙、互动课堂等形式，通过跨界合作，打造了“博物馆+旅游”的新形态，让馆藏资源得到更时尚化、更年轻化的呈现，进一步创新了文物的保护、传承与发展的形式。活动以中华优秀传统文化和广西博物馆馆藏珍贵文物为精神内核，通过流动展览导赏、互动活动体验等丰富多彩的形式，鼓励广大观众群体深入学习，提高文化素养。

项目自2022年9月启动以来，线下活动吸引了超过15万人次参与。第九届中国博物馆及相关产品与技术博览会推出微博相关话题，累计阅读量超过5200万次，项目获得社会各界肯定。

“行走的广西博物馆”启动仪式

丰富多彩的“行走的广西博物馆”相关活动

（六）“广西博物馆奇妙夜”夜间文旅服务项目

“广西博物馆奇妙夜”系列活动，充分结合广西博物馆“馆苑结合”“动静相辅”的场馆特点，精心打造夜展、夜秀、夜学、夜购、夜游五大板块内容，将展览开放、文物派对、文创市集、互动体验、主题消费等结合起来形成夜游产品体系，通过推行更轻松、愉悦的游览模式，让文物“潮”起来、“活”起来，为观众提供更为丰富多元的文化体验，也为城市夜晚经济和文化发展注入新的活力。

“广西博物馆奇妙夜”活动现场游人如织

（七）“大思政课”实践教学

为深入贯彻落实习近平总书记关于“大思政课”的重要指示批示精神，加快构建“大思政课”工作格局，教育部会同科技部、工业和信息化部、生态环境部、国家卫生健康委、国家文物局、国家乡村振兴局、中国关心下一代工作委员会联合公布了全国首批453家“大思政课”实践教学基地。广西博物馆获评由教育部办公厅会同国家文物局办公厅联合设立的“中华优秀传统文化、革命文化、社会主义先进文化专题实践教学基地”称号，是广西3家获评该专题实践基地的文博单位之一，也是广西唯一一家获评该称号的博物馆。

目前，广西博物馆与多所院校共建了“大思政课”实践教学基地，结合“大思政课”一体化建设的有关要求，推出了“文物背后的红色故事”“红旗飘飘耀八桂”“清明祭英烈　共铸中华魂”等主题博物馆“大思政课”，并以志愿服务为抓手，为青年学生群体提供博物馆实践教学的短期志愿服务项目。2023年，广西博物馆“红旗漫卷壮乡——中国共产党在广西文物图片展线上展示”项目在教育部、国家文物局联合开展的以革命文物为主题的“大思政

广西博物馆“大思政课”主题课堂进校园活动合影

课”优质资源建设推广工作中获评精品项目（新媒体产品类）。项目以“物”为中心，紧紧围绕广西革命文物、革命遗迹等红色文化遗产，通过“看 · 红色印记”“听 · 百年百物”“寻 · 革命足迹”“悟 · 红色思想”“传 · 红色文化”等5个板块，着眼广西红色资源，深挖红色故事内涵，利用新媒体提升针对性、便捷性和互动性，吸引大众主动领略内容丰富、形式多样的红色文化，让红色文化在现代语境中得到传承与创新。项目从2021年推出至今，观看及参与人数超过2500万人次。

荣誉证书
HONORARY CERTIFICATE

广西壮族自治区博物馆：

你单位报送的红旗漫卷壮乡——中国共产党在广西文物图片展线上展示获评2023年以革命文物为主题的“大思政课”优质资源精品项目。

教育部社会科学司　国家文物局革命文物司
二〇二三年十二月

“红旗漫卷壮乡——中国共产党在广西文物图片展线上展示”获评2023年以革命文物为主题的“大思政课”优质资源精品项目

参加广西博物馆历史文化志愿服务活动的青年学生合影

二、讲解服务工作如花绽放

（一）坚守一线，自信自如

“一座博物馆就是一所大学校”，博物馆储藏着人类的记忆和情感，已成为文化旅游的新热点。广西博物馆社教人员始终坚守在对外开放的第一阵地，是连接博物馆与观众的纽带和桥梁。讲解员们用温暖的微笑、热情的态度为观众答疑解惑，用心用情用力讲好中国故事和广西故事，让中华优秀传统文化在广西博物馆释放出历久弥新的魅力。

2014—2024年，讲解组坚持以提升广西博物馆窗口服务形象为宗旨，自觉增强文明礼仪意识，规范自身行为。接待观众热情有礼，能提供中文、英语、日语、泰语等语种的人工讲解服务，为观众提供近5000场次讲解服务。接待了我国各级领导干部以及美国、俄罗斯、瑞士、越南、新加坡、泰国、马来西亚等国家的外交使节、国际友人，嘉宾们对讲解服务予以赞许，纷纷说享受了一场广西历史文化盛宴。

（二）提升专业能力，不断前行

公众对博物馆高品质文化供给需求不断增长，也对博物馆的讲解服务提出了更高要求。专职讲解员在讲解接待中不仅需要注重语言表达的逻辑性、专业知识的深度性，还要能编写不同类别展览的讲解词。为了提高讲解员的讲解能力，讲解组采取“以老带新”的培养模式，从集中培训、针对性培训、强化培训3个方面对讲解队伍进行培养。通过这样的培养方式，极大地提高了博物馆一线工作人员的综合素质。

集中培训主要是对新入职人员进行岗前培训，包括讲解接待流程与规范、重要来宾的讲解接待、讲解礼仪、讲解技巧以及现场实训等；针对性培训、强化培训则是邀请相关领域专家学者为讲解员进行授课，进一步提高讲解员的专业技能。

2022年6月，广西文物保护与考古研究所杨清平研究馆员为讲解员授课

2022年9月，播音专业老师为讲解员进行语音与发声授课

2022年9月，礼仪老师为讲解员进行体态礼仪、形体塑造授课

（三）潜心磨砺，硕果累累

讲解对于引导观众参观、认识和理解展览内容，有效激发观众的兴趣，增加观众的参与感具有重要作用。为了提高讲解能力，讲解员除全力做好日常的讲解接待服务工作外，还积极参加行业讲解员大赛。

2014—2024年，社教部打造了一支不论是思想素质还是专业知识和服务意识都过硬的讲解队伍。一分耕耘一分收获，讲解员萧潇、何乐思、黄怡、李翔、罗丹、韦露莎、罗丽诗、廖钰、何浩东、赵丹等，积极参加广西乃至全国行业高水平讲解大赛，以出色的表现收获累累硕果。

2016年5月，讲解员萧潇参加全国科普讲解大赛广西选拔赛，荣获二等奖、全国总决赛优秀奖

2018年5月，讲解员韦露莎参加全国科普讲解大赛广西选拔赛，荣获一等奖、全国总决赛优秀奖

2023 年 4 月，讲解员廖钰参加 2023 新时代广西红色故事大赛，荣获二等奖

2023 年 6 月，讲解员罗丽诗参加首届“最美文化遗产讲解员”推介活动，荣获全国总决赛优秀奖

2023 年 11 月，讲解员罗丽诗参加“致敬新时代 讲好新故事”第四届全国红色故事讲解员大赛，荣获广西选拔赛一等奖、全国优秀奖

2023年10—12月，讲解员赵丹、何浩东荣获第五届中华经典诵写讲大赛“诵读中国”经典诵读大赛优秀奖，荣获广西第十六届中华经典诵读大赛暨2023广西校园中华经典诵读大赛一等奖

2024年3月，讲解员韦露莎参加首届“博协杯”全国博物馆讲解大赛决赛，荣获二等奖

（四）以人为本，发展智能服务

在博物馆的长期发展中，服务是至关重要的一项工作。2014—2024年，广西博物馆立足于以人为本，不断优化发展智能服务，充分让文物活起来，更好地满足公众的参观需求，提高公众的参观体验。2022年11月新馆开放后，广西博物馆在构建自助导览系统中，接连引入智能语音导览、微信扫码听音频以及VR眼镜等智能服务。智能服务帮助观众深度了解展品，为广大观众提供了更好的参观体验，极大地提高了观众的满意度。

语音导览器自助租赁

讲解员引导观众体验智慧导览——VR眼镜

智能语音导览词涵盖常设基本陈列:“广西古代文明陈列”“烽火南疆——广西近现代革命史陈列”及专题展览“合浦启航——广西汉代海上丝绸之路”“釉彩斑斓——馆藏瓷器陈列”“匠心器韵——馆藏工艺珍品陈列”。针对特展和临时展览，如与中国文物交流中心合作共办的“大河文明”展，还提供重点文物音频讲解内容，满足观众自助参观的需求。

（五）打造品牌，助力基层文博宣教发展

2013—2022年，根据相关部委下发的《广西壮族自治区边远贫困地区、边疆民族地区和革命老区人才支持计划文化工作者专项实施方案》（提及的这几个地区简称“三区”），自治区文化和旅游厅结合广西各地市县基层博物馆帮扶需求，部署推进此项工作开展。广西博物馆高度重视该项任务并认真组织开展帮扶工作。其中，“三区”博物馆宣教人才帮扶工作由社教部讲解组负责策划与实施。

2014—2024年，社教部讲解组在馆领导的大力支持下，按该文件部署专项实施方案的工作要求，圆满完成多项帮扶项目。通过开展专家团实地帮扶、专项培训班、岗前培训、实地培训、跟班学习等形式，顺利完成对北海市博物馆、西林县博物馆、环江毛南族自治县毛南族博物馆、合浦汉代文化博物馆、广西革命纪念馆、南宁博物馆、百色起义纪念馆、都安瑶族自治县民族博物馆等40多家文博单位共500余名宣教人员的培训帮扶。2015年伊始，广西博物馆积极创新模式，与河南博物院建立长期合作开展“三区”文化人才支持计划的工作机制，通过整合双方优势资源实施帮扶工作，收效显著，硕果累累，获得各帮扶单位的一致好评。联合举办的培训班如宣教人员培训班、博物馆管理人员研修班等共计10期，印刷7辑培训实录；多名学员参加行业演讲比赛、讲解大赛均斩获佳绩，载誉而归。

在推进实施“三区”文化人才支持计划的过程中，广西博物馆充分发挥作为国家一级博物馆的优势，采用对口帮扶、馆际协作等方式，助力广西文博事业繁荣发展，为民族文化强区建设作出广西博物馆应有的贡献，体现广西博物馆的时代担当。

2015年2月，广西博物馆“三区”宣教讲解培训班开班仪式全体人员合影

2015年12月，河南博物院、广西博物馆联合专家帮扶团赴防城港市博物馆开展帮扶启动项目

三、互动区域趣味文博

改扩建后的广西博物馆，公共服务能力大幅提升。位于陈列大楼一层的互动体验区域，是展陈体系不可或缺的组成部分，是观众了解博物馆的重要桥梁，有效践行了让文物活起来的理念。

（一）青少年活动中心

青少年活动中心在场馆建设与课程活动设计上充分考虑青少年的成长特征与需求。除手工互动区域外，活动中心的智慧教室还引入了“一平三端”处理系统，能对“线上+线下”教会教育全过程进行即时数据采集、云端分析处理和即时效果反馈。

（二）儿童考古探秘馆

儿童考古探秘馆是为0—12岁儿童设计的考古主题互动乐园，根据不同年龄儿童的兴趣和需求，分为4个主题展区，分别是“文物萌趣园”“宝藏创想园”“考古体验园”“文物修复园”。通过创设适宜的环境和项目来为不同年龄段的儿

广西博物馆青少年活动中心开展益智有趣的活动

广西博物馆儿童考古探秘馆开展内容丰富的活动

童提供不同内容的讲解和教育，加深儿童与博物馆的情感关联，激发儿童的好奇心与主动思考、主动学习等综合能力。

（三）历史小剧场

历史小剧场作为陈列展览的延伸平台，以馆藏文物和馆内展览为主题设计，通过戏剧、话剧、舞台秀等艺术形式，运用全息投影、VR和3D投影等手段，帮助观众认识藏品、理解展览。历史小剧场原创多媒体舞台秀《梦见瓯骆》，用沉浸式的艺术表演形式探索让文物活起来的新表达、深融合，将广西的历史文化通过多层次的表演空间展示出来，展演结合，让文物在动态演绎中获得“新生”，打造了一场“物与我、古与今、历史与想象”相融合的多媒体舞台秀，深受观众好评。

广西博物馆历史小剧场上演精彩演出

四、“小桂花”香飘万家

广西博物馆“小桂花”志愿者团队成立于2006年，由社会志愿者、红领巾志愿者、教师志愿者、党员志愿者等人员构成，设有讲解服务岗、教育服务岗、开放服务岗。对广西历史文化有情怀、对社会公众有爱心的社会各界人士先后加入团队，在各个岗位上提供公共文化志愿服务，让更多的人感受到广西博物馆高质量公共服务的温度。近年来，志愿者团队打造了“桂花飘香雷锋月”“小桂花之声”线上音频志愿服务项目等志愿服务品牌。“红旗漫卷壮乡”青少年主题公益服务项目入选“喜迎二十大 强国复兴有我——青少年中华文物我来讲”优秀博物馆志愿服务项目，是广西唯一入选的重点扶持项目。

多年来，广西博物馆着力提升公共文化服务，凝聚志愿服务精神，拓宽志愿服务领域，整合志愿服务力量。志愿者在“小桂花”团队里，提高了自身综合素质，实现了服务社会的追求，为博物馆工作提供了强有力的支持，并以点带面，加深了全社会对志愿服务的关注，形成“送人桂花，手有余香”的志愿服务氛围。

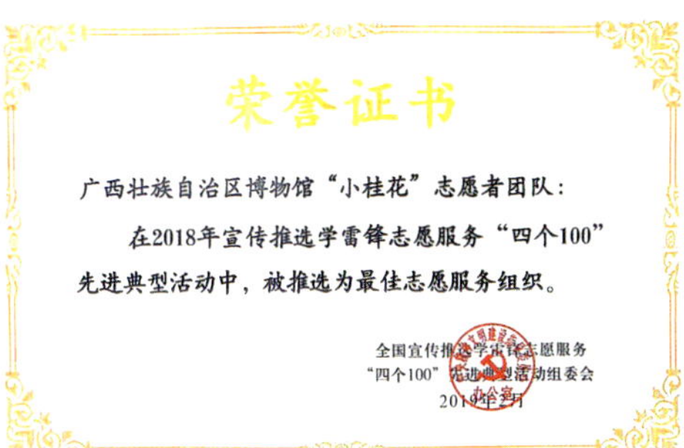

广西博物馆“小桂花”志愿者团队获得的部分荣誉

广西博物馆“小桂花”志愿者团队

第七章

科技助力

——保护修复启新程

新中国成立初期，广西博物馆的文物修复和保护事业才正式开始。在人员、经费、经验等严重缺乏的情况下，文物修复技能和知识多靠员工在实践中不断摸索和总结。20世纪70年代，在老一辈文物修复人员的言传身教下，辅以到馆外参观学习等方式，广西博物馆文物保护修复和自然标本制作水平得到快速提高。广西博物馆的文物保护修复工作从早期的师徒传承的模式逐渐过渡到吸引和培养有专业知识背景的高学历人才的模式，在青铜器、陶瓷器、书画、古籍等文物保护修复方面积累了一定的经验。

2014—2024年，广西博物馆文物修复保护中心占地面积从220多平方米增加到约946平方米，配备了扫描电镜等高科技精密分析仪器，完成文物保护项目约30项，其中包括本体保护修复项目、预防性保护项目、复仿制项目等。完成文物保护相关研究课题10余项。通过完成项目的方式，逐步培养出一批具有精湛技艺和丰富经验的文物保护修复专家。至2024年，广西博物馆文物保护修复专业人员共有13人。

一、基础建设飞跃发展

随着文物保护修复影响力的不断扩大，为进一步推动广西博物馆文物保护修复事业的发展，2008年3月，广西博物馆文物修复保护研究室正式揭牌运行。文物修复保护研究室占地面积220多平方米，由4个分室组成：古器物修复室、字画装裱室、文物保护研究与实验室，早期文物修复保护研究室主要是满足一般文物修复的需求。随着文物修复与保护逐渐走向科学化、技术化，科技含量不断提升，2015年广西博物馆建成新的文物保护修复中心，占地面积近380平方米，主要分为药品试剂室、分析检测室、生物研究室、文物修复室、科技保护室和环境研究室6个分室，配备国内先进的保护修复仪器设备，此中心的建成意味着广西博物馆的文物修复工作逐渐迈向科学化。

2022年4月，依托于广西博物馆改扩建工程的开展，新的文物科技保护中心于同年建成。新的文物科技保护中心总面积约946平方米，配置了精密仪器室、文物数字化信息采集室、金属文物保护修复室、书画保护修复室、陶瓷文物保护修复室、化学实验室、有机质文

广西博物馆文保人员在精密分析仪器室开展文物样品的分析检测工作

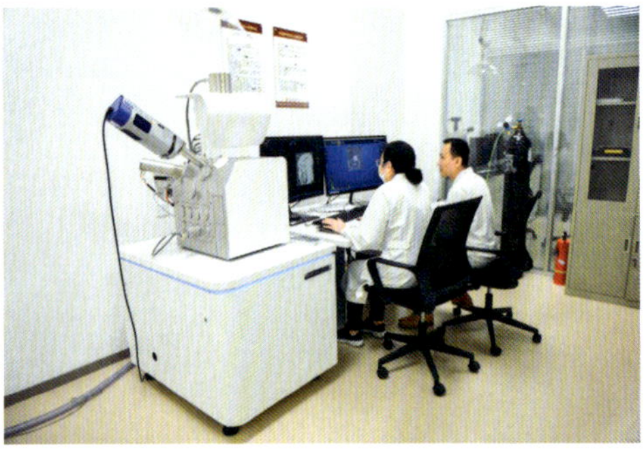

广西博物馆文保人员使用扫描电镜能谱仪对样品进行分析

广西博物馆文保人员在金属保护修复室开展文物保护修复工作

物保护修复室、大型仪器室、药品和材料室、熏蒸室、临时库房等功能区；添置了扫描电子显微镜、便携式X射线荧光能谱仪、傅里叶变换显微红外光谱仪、离子色谱仪及气溶胶分析系统、高分辨显微共焦激光拉曼光谱仪等高科技分析检测设备。此中心的启用，使广西博物馆在金属、陶瓷、书画方面有较好保护修复能力的基础上，提升了现代科技分析手段，强化了保护修复能力，同时能够支撑开展文物保护修复技术、文物科学研究的科研攻关，使广西博物馆在文物科技分析、保护研究设备方面居于广西区内领先水平。

广西博物馆文保人员在书画保护修复室开展文物保护修复工作

二、建设优质人才队伍

早期广西博物馆文物保护专业技术人员身兼多职，除了要做好文物保护修复相关工作，很多时候还需要兼顾一些藏品管理、信息资料整理等工作。为了适应新时代文物保护修复向专业化发展、精细化细分的要求，广西博物馆于2024年成立了新的文物科技保护中心，设立了专门的文物保护修复岗位，包括文物预防性保护岗、纸质文物保护修复研究岗、古籍文献保护修复研究岗、陶瓷和玉石文物保护修复研究岗、金属文物保护修复研究岗等，明确了岗位职责，深化了各岗位人员的研究内容，促使有技术专长的人才能够在自己的岗位上做出更好的成绩。

2014—2024年，广西博物馆通过派文物保护技术人员参加各类培训班、行业会议、重要学术会议等方式培养文物保护专业技术人员，使他们的水平得以稳步提高。文物保护技术人员参加了多个国家级、国际级的重要培训班，其中包括国际文物修护学会、国家文物局、中国文化遗产研究院等举办的培训班。文物保护技术人员通过参加培训班学习，为文物保护技术的不断提高打下了坚实的基础，形成了积极学习向上的风气，有助于推动广西博物馆高质量文物保护工作的开展。

广西博物馆派员参加2015年度“现代分析技术在文物保护修复中的应用”培训班

广西博物馆派员参加“国际文物修护学会培训中心第四期培训班”

另外，文物保护技术人员还参加了多个类别的文物行业会议，其中包括全国文物保护技术协会学术年会、全国文物修复技术研讨会等。参加各类重要学术会议使广西博物馆文物保护技术人员能够及时了解国内外文物保护学术研究的最新动态，使广西博物馆能够在国内文保领域站稳脚跟，为广西文保事业的发展提供助力。

广西博物馆派员参加“第十三届全国文物修复技术研讨会”

三、持续提高文保水平

在文物科技保护工作上，广西博物馆坚持守正创新，不断提高预防性保护水平，扎实推进各类文物保护修复项目，推动文物科技应用。

（一）预防性保护全覆盖

预防性保护是新时代文物保护领域的发展趋势，它对博物馆文物保护的重要性不言而喻，是博物馆文物保护工作的重要内容。2014—2024年，广西博物馆依托改扩建项目的建设，不断提升库房文物保存环境质量与展厅文物展示微环境的监测调控水平。2015年，广西博物馆联合上海博物馆编写申报了《广西壮族自治区博物馆可移动文物预防性保护方案》，获国家文物局批复立项下拨950万元专项经费。通过项目的实施，为库房购置了一批柜架囊匣，为展厅建设了一套较为完善的环境监测系统，添置了一批修复工具及试验仪器与便携的环境检测评估设备。2022年，广西博物馆依托“展出文物环境监测设施设备购置项目”以及展览项目的建设，为新陈列大楼及绝大多数展柜布设了温湿度探头、光照紫外温湿度合一监测探头，配备了恒湿机与被动调控材料。

通过十年的建设，广西博物馆极大地改善了馆藏文物的收藏保护保存能

广西博物馆文保人员维护恒湿设备

广西博物馆文保人员在环境监测平台上查看环境监测实时数据图

力，库房基本达到了“稳定、洁净”的文物保存环境状态，书画库房实现了实时温湿度监测与调控；新陈列大楼环境温湿度监测达到了全覆盖，常设展厅和重点展柜等文物保存环境质量能够得到及时感知和反馈；拟定并实施了预防性保护工作制度，有效地利用温湿度监测数据及湿度调控设备，全面提升了馆藏文物在库房及展厅环境中的预防性保护能力。相较于旧陈列大楼，广西博物馆新陈列大楼内布设的展厅环境明显改善，展柜微环境监测探头数量翻倍，展厅展柜环境的温湿度监测覆盖所有展厅；配备的恒湿机、展柜微环境调湿材料数量大幅增加，展出文物的保护达到了全覆盖，完成了湿度线上线下主动调控与被动调控相结合的环境监测体系的建设。

（二）文物保护修复见成效

广西博物馆2008年获得了由自治区文化厅颁发的“可移动文物修复单位一级资质行政许可决定书”；2011年获得古籍修复资质，成为广西首批自治区级古籍修复中心；2014年获得“可移动文物修复资质证书”；2022年获得自治区文化厅批复的文物拓印资质。修复资质的获得为广西博物馆在全区范围内开展各项文物保护修复业务奠定了基础。近十年来，广西博物馆文物保护修复专业技术人员在遵循保护优先、最小干预、稳定性、真实性、科学性等原则的基础上，很好地开展和完成了诸多文物保护项目。项目取得了较好的效果并且在区内产生了一定影响，广西博物馆的文保力量已经成为广西文物保护的一面重要的旗帜。

对于文物保护工作，广西博物馆主要从古代金属文物、陶瓷器文物、纸质文物、其他类文物的保护修复这几个方面展开。

在古代金属文物的保护修复方面，目前广西博物馆已有较为成熟的方法和技术，在遵循修复原则的基础上，能够熟练开展古代青铜器、铁器的保护修复工作，如建立修复档案、分析检测、除锈清洗、粘接补配、上色做旧、缓释封护等。2014—2024年完成了10余项金属文物保护修复项目，项目申报后共获得文物保护专项资金200多万元。保护修复项目中不乏重要的知名度较高的代表性文物，如汉代羽纹铜凤灯、汉代龙首三眼长方形铜灶、汉代龙首柄铜方匜等一级文物；也有体型较大、纹饰较复杂的重要文物，如一级文物浮雕饰铜钟。从保护修复的数量上来说，2014—2024年共保护修复完成金属文物约300件（套）。无论是从保护修复文物的数

广西博物馆文保人员在保护修复金属文物

量、所保护修复文物的重要性，还是从保护修复技术上来说，广西博物馆的金属文物保护修复已居于全区领先水平。广西博物馆还完成了多项其他单位文物保护修复的委托任务，如完成海南省澄迈县博物馆汉代青铜釜的修复，完成南宁博物馆委托的11件（套）金属文物的修复，为古代金属文物的保护修复工作提供指导和建议。

2018年，合浦出土金属文物保护修复项目顺利结项

在陶瓷器文物的保护修复方面，目前广西博物馆已有较为成熟的技术，在陶瓷器保护修复上已经具备一定的水平，能够熟练开展陶瓷器的保护修复工作，如建立修复档案、分析检测、表面清洗、粘接补配、上色做旧等。十年间完成了3项陶瓷器相关保护修复项目，保护修复的陶瓷器已有30余件（套），其中不乏多件珍贵文物。此外，广西博物馆还能够完成文物的复仿制工作，如柳江人头像复原仿制、汉代陶船的仿制工作等。

广西博物馆文保人员在保护修复陶瓷文物

2023年，广西博物馆陶瓷文物保护修复项目顺利结项

广西博物馆文保人员在保护修复书画文物

2023年，广西博物馆契约文书文物保护修复项目顺利结项

在纸质文物的保护修复方面，主要包括书画文物和古籍文物两大类。广西博物馆在书画文物保护修复方面已有多年经验，在区内外享有一定声誉。书画文物修复人员都从业多年，能够完成各类书画文物的保护修复工作，熟练完成如建立修复档案、分析检测、揭背纸、补配画芯及上命纸、全色、重新装裱等步骤。2014—2024年完成了5项书画文物、契约文书相关的保护修复项目，保护修复的书画文物超过150件（套），其中不乏多件珍贵文物，并能够指导区内的一些文博单位进行书画文物修复，在书画文物保护修复领域居于全区领先水平。广西博物馆还完成多项其他单位委托的有机质文物的保护修复项目，如完成玉林市博物馆、广西政协书画院、南宁博物馆委托的共计61件（套）书画文物的保护修复工作。

广西博物馆的古籍保护修复人员都经过专业培训，拥有熟练技能，能够基本完成古籍文献的保护修复工作，对于各类古籍的修复方法与修复技术有比较深的认识。2014—2024年，完成了《清灯格》《朱妙花基》《玉皇经（卷下）》《度人经》《光绪癸巳恩科广西乡试朱卷》等17部143余册不同文献的修复工作。保护修复以少数民族和地方古籍文献为主，其中不乏多部珍贵文献。除了书画文物和古籍文物的保护修复，广西博物馆也能够承担多种类型的有机质文物的复仿制工作，如完成了灌阳县史志办公室委托的红军长征过桂北遗留下的旗帜的仿制工作，以及广西博物馆展览用纸质文物仿制工作，共仿制22件（套）纸质文物，包含县志、家书、族谱、诏书、旧合同等。

古籍是中华民族的文化瑰宝，再生性保护是古籍保护工作的一种创新。通过数字化技术，将古籍的内容进行高清扫描，使得古籍的内容可以以数字化的形式存在，便于保存、传播和研究。面对馆藏古籍数量庞大而修复资源有限的挑战，广西博物馆意识到，除了对古籍进行原生性修复保护，还必须紧急开展再生性保护工作，以确保这些珍贵的文化遗产得以长久传承。

广西博物馆购置了专业的古籍拍摄和扫描设备，相关人员也在古籍的拍摄、整理和录入方面积累了宝贵经验，这为古籍再生性保护工作的开展提供了坚实的基础。2020年，广西博物馆根据

广西博物馆古籍修复人员在修复民族古籍

自身实际情况，制定了《广西壮族自治区博物馆馆藏文献再生性保护工作暂行指导办法》，这一办法为广西博物馆在大规模改扩建期间的古籍再生性保护提供了临时指导方案，并确立了“谨慎实验、循序渐进、保护为主、合理利用”的工作原则。

此外，在其他类文物的保护修复方面，广西博物馆完成了一些无机质文物保护项目，如“合浦汉代文化博物馆馆藏水晶、绿柱石串饰保护修复项目”“广西博物馆馆藏传世铜质文物保护修复项目”等。除古代金属文物、陶瓷器文物外，广西博物馆也能承担近现代革命文物、传世金属文物、宝玉石器的保护修复。申报的“广西博物馆馆藏革命文物保护修复项目”，获得国家文物局专项经费支持，项目中涉及保护修复的铁炮为克虏伯大炮，连炮座残重约5000千克，是广西首次对“乙丑订炮”的科学保护。广西博物馆对于其他类型的有机质文物的保护也有所涉及，如完成了“广西博物馆陈列展览拓片征集项目”“广西博物馆馆藏近现代木质文物保护项

广西博物馆文保人员对铁炮进行清理保护

广西博物馆文保人员进行拓片采集工作

目”“广西博物馆馆藏铜镜等纹饰提取项目”，能够独立完成拓片的采集、保护修复，以及木质文物的保护修复工作。

（三）科技应用促创新

广西博物馆文物保护工作重视科技应用，提倡在合理范围内，且符合文物保护原则的基础上使用新理念新方法完成一些传统方法难以完成的难题。如在“合浦汉代文化博物馆馆藏水晶、绿柱石串饰保护修复项目”中，为了解决高透明类宝石在修复过程中遇到的透明度不佳、对接紧密度差、拼接遗留痕迹明显等技术难题，发明了一种真空负压渗透法，实现了透明类宝石无痕复原修复的技术创新，并申请了国家发明专利。在对汉代陶船的仿制中，为了实现文物保护修复中的最小干预，不在陶船本体上进行翻模，而是利用三维数据扫描技术和计算机编辑技术获得陶船本体形貌数据，之后打印陶船树脂模型，再通过此树脂模型进行翻模仿制出陶船。在“广西博物馆陈列展览拓片征集项目”中，为了不在文物本体上拓印而使用了三维数据扫描技术和计算机编辑技术制作了电子拓片；对于一些破损较为严重的碑刻，在采集了数据之后，在电脑端还原和修复其残破的内容。

2014—2024年，广西博物馆文物保护修复在以传统修复技术为主的基础上不断加大对科学仪器的利用，主要依靠扫描电镜、拉曼光谱、XRF（X射线荧

广西博物馆文保人员使用拉曼光谱对样品进行检测

广西博物馆文保人员使用XRF辅助涉案文物的鉴定工作

光光谱仪）、超景深显微镜等科学分析仪器对文物本体进行检测分析。在涉案文物鉴定中，传统方法主要是依据鉴定人员的经验进行鉴定，随着文保力量的提高，广西博物馆逐步使用科技分析仪器进行辅助鉴定工作，如用显微镜观察器物微痕、用XRF检测器物成分等。未来，广西博物馆也将不断探索科技在文物保护修复中的应用，从传统保护修复逐步迈向科技保护修复。

（四）文保传承促发展

2014—2024年，广西博物馆面向公众开展了多项文物保护服务，如2015年开展小学文化遗产保护普及教育，带领小学生了解瓷器的修复、参观文物保护修复场所；2016年开展博物馆职业体验营之文物修复小达人活动，讲授瓷器修复，带领同学们参观文物保护修复中心；2018年，广西博物馆派员对文化遗产爱好者主讲文物保护修复相关内容；2023年开展博物馆职业体验营活动，向同学们介绍陶瓷器、书画文物保护修复基本程序和操作原则，现场演示修复过程，并请同学们亲身体验；在每年5月18日国际博物馆日开展书画装裱、古籍修复、文物保护修复、文物科技分析等展示体验活动。

2014—2024年，广西博物馆文保专业技术人员多次指导、协助区内其他文博单位开展文保相关工作，如2015年赴梧州市博物馆开展文物保护修复项目涉及的文物现状勘察和方案指导申报工作；裱画室人员受邀到广西军区军史馆协助开展展厅纸质、棉质文物的保养工作，共协助完成约200件（套）文物的除尘等保护保养工作；指导贺州博物馆2名工作人员的跟班学习，完成该馆2件金属文物（1件铁器、1件青铜器）

广西博物馆文保人员为小学生演示文物保护修复过程

广西博物馆文保人员在青年文化沙龙之文物保护修复上演讲

的保护修复工作。2016年文物保护修复室接收南宁博物馆2名学员和梧州市博物馆保管部1名学员进行跟班学习，主要向他们传授文物复仿制和保护修复相关技术。2018年广西博物馆主办了“广西‘三区’人才支持计划：古陶瓷修复培训班”。2015—2023年，广西博物馆分别指导广西民族博物馆、南宁博物馆、桂林博物馆、柳州博物馆等多家区内文博单位完成预防性保护实施方案

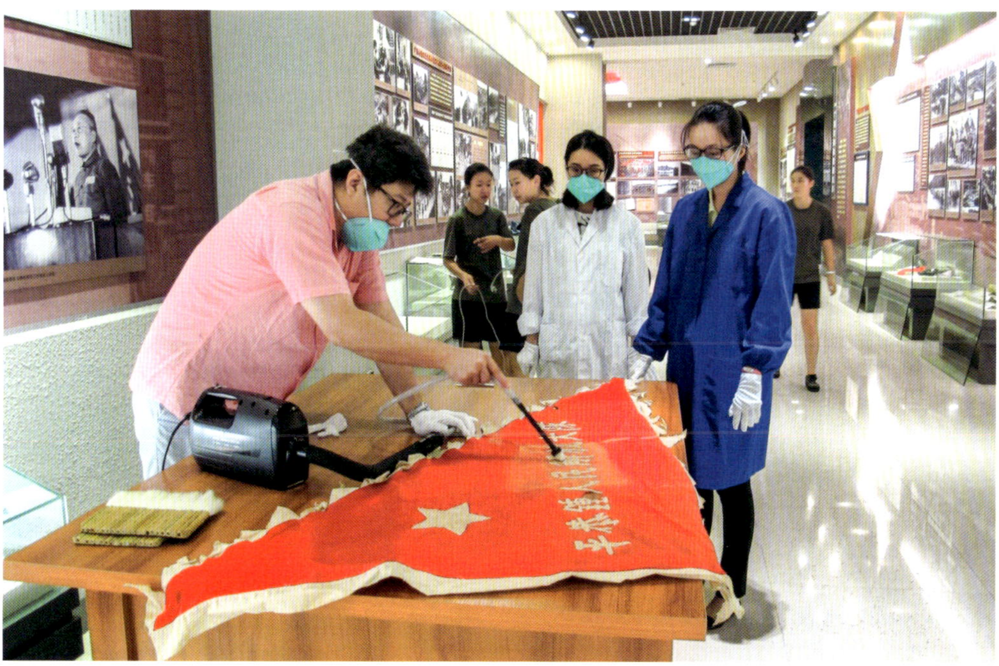

广西博物馆裱画室人员赴广西军区军史博物馆开展文物保护修复指导

编制，并协助其开展展厅的环境监测调控工作等。

广西博物馆文保专业技术人员多次指导本科生、研究生参加文物保护相关项目以及科研工作，如曾经指导北京科技大学科技史与文化遗产研究院1名研究生进行青铜器保护修复，并开展对合浦汉墓出土青铜器的锈蚀状况调查；指导多名广西民族大学研究生开展文物保护修复项目、文物科技分析的研究等工作。此外，广西博物馆文保人员还多次到高校给学生授课，曾经指导的多位学生走上了文物保护的岗位，将文保薪火传承，在岗位上持续发光发热。

十年来，广西博物馆文物保护设施设备不断更新与完善，文物保护逐渐走上科学化现代化的道路，文物保护技术人员不断学习文物保护前沿科学技术以跟上国内先进水平，完成了多项文物保护和科研项目，发表了多篇学术论文。未来，广西博物馆将继续提高文物保护科学水平，在原有成熟的传统保护修复技术的基础上，积极与物理学、化学、材料学等学科的专家进行合作，解决一些保护修复中的难题，不断探索文物保护技术发展的新路径。借助南宁作为中国—东盟博览会永久举办地的现实基础，加强国际交流，提升广西博物馆的文物保护在东盟国家的影响力，为广西博物馆文物保护迈向国际化打下基础。

广西博物馆主办的“广西‘三区’人才支持计划：古陶瓷修复培训班”

第八章

与时俱进

——信息化建设踏新阶

在数字化时代，博物馆面临着如何利用信息化技术提升展陈质量、保护能力、教育功能、传播服务等方面的新挑战。2014—2024年，广西博物馆力求突破传统博物馆角色定位，积极求变创新，有效利用数字信息技术，探索信息化建设，以期不断实现智慧服务、智慧管理、智慧保护的目标。改扩建完成后，广西博物馆场馆的基础硬件设施更新换代，软件系统优化升级。高清晰度的展示屏幕，出入馆闸机，多媒体系统，票务预约系统，互动体验如VR、AR等，为观众带来全新、便捷、舒适的参观体验。焕然一新的官方网站以现代化的界面和更直观实用的用户体验服务大众，与微信公众号、微博、抖音等新媒体平台一同打造广西博物馆的官方媒体宣传矩阵，以文字、图像、音频等多元化的方式传播广西文化历史，实现博物馆与观众的双向交流。新藏品数据库、线上展览、微门户等的推广使用满足大众获取藏品信息、沉浸式观展体验、学习研究等方面的需求。一系列制度坚实保障信息化建设与运营，综合管理平台的搭建促进馆内信息整合、资源配置优化和办公高效协同，推动广西博物馆内部管理高效运作。广西博物馆通过多手段数字信息技术的赋能，更好地保护和传承馆内珍贵的文化遗产，传播文物背后的故事，为大众提供更加丰富的文化体验，为高质量发展奠定坚实的基础，向建成智慧博物馆迈出坚实步伐。

一、数字赋能智慧保护

（一）文物数字化保护

文物数字化保护是新时代文物保护的重要手段，是指运用现代科技手段，如摄影、扫描、3D建模、VR、AR等技术，对文物进行数字化记录和再现，以实现对文物的长期保存和有效利用。2022年，广西博物馆开始综合运用三维激光信息采集、摄影测量、数字建模等先进技术，完成了馆内60件珍贵文物的高保真三维模型制作。2023年，广西博物馆又陆续完成了近100件文物的高保真三维模型制作。这些模型可用于研究、修复、仿复制等，为文物创造了永恒的“数字生命”。依托3D数字建模、矢量制图、自动化数字拓印等数字信息处理技术，输出文物三维模型、二维线画图、展开图等多元化数字成果，实现文物成体系的数字化存储与加工，建立起完整的数字化成果档案。借助这些内容，可以为文物修复的相关工作提供原始依据，为后续更好地给观众展示文物的信息打下了扎实的基础，为文物数字化保

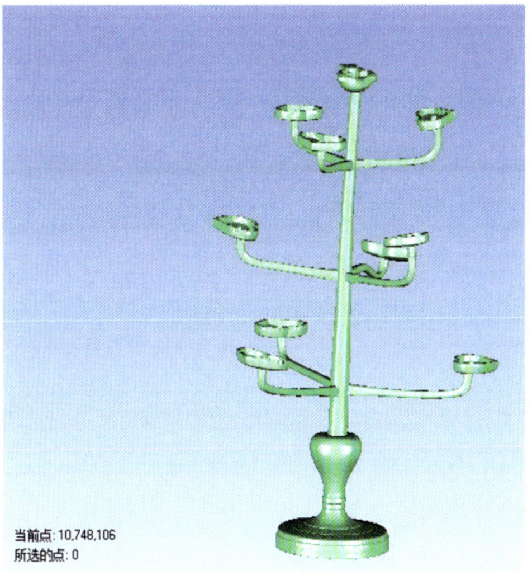

汉代扶桑树形铜灯的三维点云数据

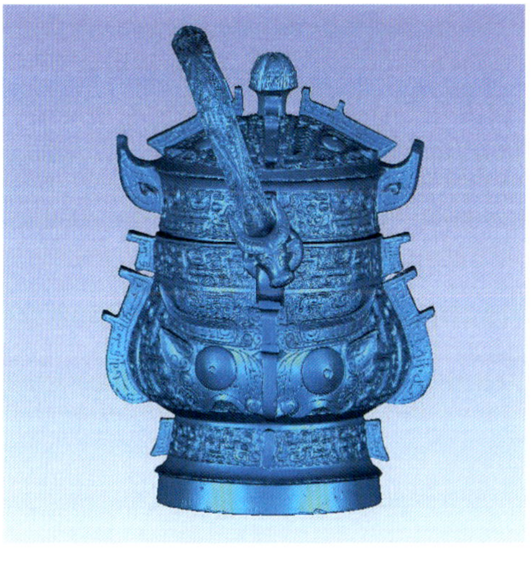

商代兽面纹提梁铜卣的三维素模

护利用工作提供翔实、精确的数据支撑。

广西博物馆在数据保存方面，结合文物数字化保护的实际需求，以馆藏珍贵文物为抓手，通过文物数字资源采集，进一步丰富博物馆文物、文化资源的科学保存。在数据共享方面，通过强化顶层设计和软件系统建设，在智慧博物馆设计的框架下，为文物数字化保护的基础功能性智慧应用系统的运行维护提供强大的应用支撑，破除信息孤岛，实现馆内业务的规范信息化管理。在数据利用方面，以藏品数字化和藏品管理等业务系统为基础，结合改扩建智能化建筑，充分利用物联网、云计算、大数据等新技术，提升博物馆服务与展示能力。

（二）馆藏照片及底片数字化保护

馆藏照片及底片作为历史资料的重要组成部分，承载着丰富的历史文化信息。广西博物馆馆藏文物照片及底片总量约有5万件，大多数反映了近几十年来广西的社会变迁与广西博物馆的发展历程，具有较高的研究、利用价值，馆藏照片及底片的数字化保护刻不容缓。广西博物馆通过高清晰度扫描设备，将总量约5万件的底片转换为数字图像，分步骤进行元数据收集、扫描、整理，有效避免了底片的物理损坏和褪色问题，确保了这些珍贵历史资料能长期保存和高效利用。

广西博物馆工作人员进行馆藏照片及底片的数字化扫描工作

（三）档案数字化管理

档案数字化管理按分步实施、逐步完善的原则，分为七年五步走。2017年，依据国内相关档案行业法规与标准，广西博物馆对馆内行政、业务档案进行标准化、数字化整理。建立和健全档案管理各项制度，理顺档案工作机制，夯实档案工作基础，开创博物馆档案工作新局面，更好地服务博物馆改扩建工作。扎实开展档案信息化和特级档案室建设工作，依托博物馆改扩建契机，结合当前档案管理现状，完成本馆档案信息化和自治区特级档案室建设目标。广西博物馆档案室于2018年成立，执行档案网络体系管理，成立工作机构。第一阶段（2018—2020年），组织小组成员认真学习《中华人民共和国档案法》和《广西壮族自治区档案管理条例》，加强对档案管理升级工作重要性的认识，制定相关档案管理制度。第二阶段（2021—2022年），结合改扩建形势，参照自治区特级档案室等级标准，建设档案专用库房、阅览室、整理室、档案员办公室，做好历年各类档案的收集、归档工作。第三阶段（2023年），做好各类档案特别是开馆工程（包括改扩建工程、开放工程、展览工程）档案的收集、归档工作，已完成30%业务档案的规范化归档整理工作，同时进行归档文件的数字化扫描工作。第四阶段（2024年），总结前3个阶段的档案工作经验，结合单位实际情况，完善各项档案管理制度；已完成70%的历史档案规范化整理及数字化扫描工作。

广西博物馆工作人员进行档案整理归档及数字化加工工作

（四）古籍数字化保护

古籍数字化保护是采用现代信息技术手段对古籍进行加工、处理，将其转化为电子数据形式进行保存和传播的过程，有助于提高古籍的利用率，促进文化遗产的广泛传播和研究。广西博物馆已成功扫描录入了8部11册近1000页的文献信息，并复制了超过100册的古籍文本，为古籍文献保护工作奠定了坚实的基础。

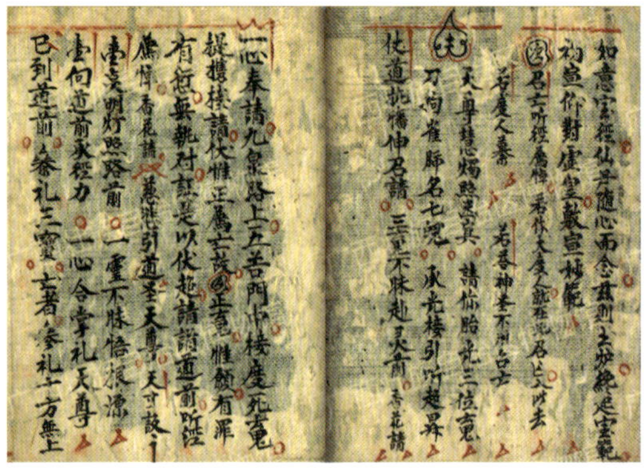

广西博物馆工作人员对古籍进行原生性修复保护和数字化扫描工作

二、信息融合智慧管理

（一）夯实基础规划架构

广西博物馆在2019年以改扩建项目为契机，稳步推进智慧博物馆建设，将智慧博物馆的基础建设与改扩建项目有机结合，不断提升信息化建设水平。同时，为汲取沿海地区智慧博物馆建设的先进经验，组织调研小组赴多地考察学习，为未来智慧博物馆建设打下良好基础，为新时期广西博物馆事业的发展注入新的活力。

改扩建期间，结合实际情况和未来发展，广西博物馆从建筑强弱电、基础设施、数字资源、软件系统、体验空间等5个方面对智慧博物馆建设进行了详细规划，在安全体系、标准体系、运维体系和运营体系设计的基础上采用目前先进的技术，按照“统筹规划、分步实施”的方针，分阶段推进智慧博物馆建设。

改扩建完成后，在建筑强弱电设计、实施基础上，以计算设施、感知设施、安全设施、导览设施、运行设施等基础设施为底层支持，构建了分类规

广西博物馆一楼触摸数字大屏

观众通过交互触屏技术，沉浸式走近文物

范、多源异构的大数据中心，采用微服务和MVVM（模型—视图—视图模型）框架构建应用支撑平台、大数据支撑平台、知识图谱支撑平台、GIS（地理信息系统）支撑平台四大应用支撑平台，打造了功能设计全面、高效、适用的应用服务集群。实现了万兆到核心、千兆到桌面的数据信息网络，博物馆展厅和办公区域部署高密度无线接入点、放装式无线接入点和面板式无线接入点，实现全馆的无线网络覆盖，安防监控网络实现设备冗余备份和数据传输负载均衡。建立了文物数字资源库，逐步推动建设“物理集中、逻辑互联、交互共享”的大数据中心。软件系统根据实际业务需求开发系列应用，建立在多个支撑平台的基础上，由大数据中心进行存储和管理。

通过观念创新、技术创新和模式创新，坚持核心业务需求引领，综合应用测绘地理信息、物联网、大数据、云计算等先进数字信息技术，遵循先进、实用、规范、开放、可扩展原则，初步建成国内领先的智慧博物馆，凸显内控管理效能，全面提升广西博物馆文物保护、运营管理和公众服务水平，最大范围统筹文物数据，为打造全区文物数据中心夯实基础。开发满足共性功能的应用支撑平台和个性化的应用服务集群，支撑博物馆的智慧保护、管理和服务，实现基于数据驱动的博物馆园区建筑、库房、藏品、档案、展览、观众等业务和空间的全域可视化精细管理与智能化辅助决策，全面提升管理效能，为公众提供个性化、人性化的参观体验。

（二）系统集成高效协同

协同办公系统实现升级。自2017年起，广西博物馆引入标准化办公自动化系统，以提升业务处理效率。该系统在IE网页端及移动设备上运行，满足了日常行政办公需求。2023年，为更好满足实际需求，广西博物馆开发了新的协同办公系统，新增藏品类、内控管理流程及数字资产类流程，强化了内部管理体系。上线后，积极收集员工反馈，不断优化行政流程表单，提高效率和便捷性。2024年初，协同办公系统二期升级中，广西博物馆对采购、预算和收支管理等关键流程进行了关联性调整，增强了协同效应，提升了办公效率，使全馆工作更加高效顺畅。

提供统一信息资源访问入口，协同管理与资源共享实现系统集成管理。2023年8月，正式上线运行基于中台技术建设的综合管理平台是一个强大且实用的管理平台，属于“一站式办公”“信息全面基础”“业务一体化”“多业务多窗口”的协同管理与资源共享平台，集成了协同办公、藏品管理、参观预约、活动预约、门户管理（即官网后台编辑发布入口）、数字资产、管理驾驶舱等多个子系统。在充分考虑未来软件系统建设的扩展性与兼容性的前提下，广西博物馆基于阿里云dataphin大数据技术产品，结合各信息系统及海量多源异构数据特点，构建了广西博物馆数据中台，集合了广西博物馆各类相关业务数据从采集、过滤、清洗、聚合、分析到可视化展示的全流程自动化管理与应用，实现海量数据按照不同的维度和指标进行汇总统计与关联分析，并支持快速自定义数据指标进行统计与分析，为运营管理提供强大的数据支撑。大数据平台可为广西博物馆内部各项信息系统提供数据采集、数据计算、数据存储、数据分析、数据可视化等大量开放能力，确保各系统之间数据的互联互通和共享。

（三）数字资源共享共赢

数字资源是信息化建设的基础和核心，也是博物馆的重要资产。广西博物馆注重对馆藏文物的数字化保护和开发利用，建立了馆藏文物资源数据库，实现了藏品档案信息化标准化建设，推广了藏品电子标识，逐步按照有关规定开放共享博物馆藏品数据，为文物研究、教育、展示、传播提供了数据支撑。

广西博物馆建设开发的数字资产系统，是一种专门用于管理和整合数字资产的软件平台，允许有效地创建、存储、检索、分发和优化使用其数字资产，这些资产包括文档、图片、视频、音频和其他多种数字内容。系统支持多种格式的数字内容创建、编辑和管理，确保用户可以轻松地保存和获取数字资产。系统为馆内员工提供安全的存储云端，确保数字资产长期保存且不易丢失。其搜索引擎帮助用户快速找到所需的数字资产，并支持数据资产的共享。通过集中管理和自动化处理，减少员工在管理数字资产上的时间消耗；通过系统设置权限和访问控制，确保资产不被未经授权地使用或泄露。数字资产系统极大助力了广西博物馆信息化、网络化、智能化的发展。

（四）信息安全保障提升

信息化的发展离不开硬件保障和网络的有力支持。广西博物馆致力于打造坚不可摧的网络安全防线，包括网站安全的篡改防范与入侵防御机制，以及安全上网行为。为此，广西博物馆派专人对电脑机房进行定期巡视，日常注重维护硬件设施，定期检查机房内的消防安全和通风系统，保障馆内信息安全。

在过去的十年里，广西博物馆在信息化制度建设方面，秉持完善与创新的原则，制定并实施了11项关于信息化建设方面的相关制度，如《广西壮族自治区博物馆互联网使用管理办法》《广西壮族自治区博物馆信息系统信息发布制度》《广西壮族自治区博物馆信息安全事件管理办法》和《广西壮族自治区博物馆网络安全管理制度》等，这些制度分别明确了互联网使用的规范与纪律，构建了完善的信息安全防护体系。广西博物馆采取多种措施，有效预防和应对信息安全事件，保障博物馆信息资产的安全；规范了机房管理与信息系统运行维护的工作流程，提升了系统的稳定性与可靠性；明确各系统用户使用权限与责任，规范信息资产和设备的管理；强化信息报送与网络安全管理，提升了应对网络突发舆情事件的能力。

三、数据驱动智慧服务

（一）新官网建设

2006 年 5 月，广西博物馆官网上线。广西博物馆官网在广西博物馆的历史发展中起到了重要的作用，在对外宣传教育和传播文化知识方面发挥了重要作用，但也存在很多局限性。2022 年 5 月，广西博物馆新官网建设项目正式启动，从内容和形式设计方面对网站的功能需求进行全面升级改版。2022 年 11 月 28 日广西博物馆新馆正式对外开放时，新官网也同步上线并推广使用。新官网以数字化的方式让公众可以随时随地浏览获悉广西博物馆最新展览陈列、教育活动信息、馆藏藏品信息、科研成果、历史文化和文博知识等丰富的信息，并可通过互动留言进行双向沟通交流。广西博物馆新官网焕发出新的活力，为用户提供更加丰富、便捷的数字文化体验。

广西博物馆新官网首页

（二）微门户建设

2024 年 1 月 1 日，广西博物馆微信公众号微门户正式上线，标志着博物馆服务模式的又一次创新和升级。通过整合预约参观、线上线下展览信息、教育活动及本馆资讯动态等信息，微门户为观众提供了移动端一站式的参观服务，极大地方便了观众参与博物馆活动。在线预约参观减少了现场排队时间，数字展厅和全景展厅的推出以及 AR 导览小

广西博物馆微信公众号的微门户首页及导览栏目

“区博预约”微信小程序首页

程序的运用，进一步丰富了观众的沉浸式参观体验，使参观过程更加具有互动性。微门户的启用不仅提高了博物馆的服务效率，也提高了观众的满意度。

改扩建后，为顺应时代趋势，广西博物馆构建了一套完善的观众预约参观系统。观众进馆前可通过手机微信、支付宝 2 个渠道进行入馆参观、参加活动、参观特展等预约；进馆时观众出示预约票据凭证（如身份证、电子二维码），通过无人值守闸机和人工检票（手持 PDA）等方式核销检票入馆。通过线上预约，可以有效减少现场排队等候的时间，提高观众参观的效率和博物馆的运营效率。预约系统帮助广西博物馆实现参观人数的精确控制和预测，避免出现人流拥挤，确保参观体验和安全管理。

（三）数字化展陈

数字化展陈是信息化建设的重要内容和载体，也是博物馆的核心业务之一。广西博物馆注重数字化展陈的创新与提升，运用数字影像技术、全息投影技术、VR 技术等，打造了一批原创性主题线上展览，如“广西古代文明陈

2020 年，“红旗漫卷壮乡——中国共产党在广西革命历程文物图片展”虚拟展在广西博物馆官网上线

2023 年，广西博物馆各基本陈列线上展览首页图

列”“釉彩斑斓——馆藏瓷器陈列”“合浦启航——广西汉代海上丝绸之路”“匠心器韵——馆藏工艺珍品陈列”“图会前贤——馆藏明清文人画家作品陈列”“万卷 · 书生——馆藏古籍陈列”“亦器亦趣——馆藏文房用具陈列”等，为观众提供了沉浸式、互动式、情景式的展陈体验，让文物更加生动立体、活灵活现，增强了文物的感染力和吸引力。

（四）新媒体矩阵

广西博物馆的新媒体矩阵包括微信公众号、视频号、微博、抖音等新媒体平台及广西博物馆官网。各平台采用视频、图片、直播等多种形式，以多样化的内容呈现方式吸引不同的观众，丰富观众的线上体验，提升他们的参与度和满意度。通过发布教育性内容，如在线课程、讲座等，实现文化的普及和教育功能，使知识传播更加便捷和高效。新媒体平台的传播影响有助于广西博物馆更好地与各类群体进行沟通，有益于塑造和提升广西博物馆的品牌形象，提升广西博物馆的知名度和影响力。

智慧博物馆是博物馆信息化建设的重要发展方向和目标，对博物馆事业的可持续发展和文化传承具有重要意义。为推进智慧博物馆建设，广西博物馆加强在人、财、物等方面的投入。一是积极培养和引进专业的信息化人才，建立了一支具有创新精神和出色技术能力的信息化团队，负责博物馆的信息化规划、设计、开发、运维、管理等工作。二是增加了信息化建设的经费投入，申请了国家和地方的相关项目资助，为信息化建设提供了充足的资金保障。三是不断更新和完善信息化设备和系统，包括网络设备、服务器、存储设备、展示设备、数字化设备、智能设备等，为信息化建设提供了硬件支撑。

未来，广西博物馆将继续深入推进信息化建设，不断提高数字化资源的质量和数量，创新数字化展陈的形式和内容，加强数字化管理，完善文化遗产的数字化记录和保存，积极探索信息技术在博物馆中的应用，努力打造一个具有广西特色、国际水准的数字化博物馆，为广西的文化建设和社会发展作出新的贡献。

第九章

拥抱创意

——文物诠释添新意

在国家政策的强力推动下，文化创意产品开发成为博物馆功能的重要组成部分，也成了“把博物馆带回家”“让文物活起来”的有效举措。在文旅融合的大背景下，博物馆的旅游功能日益突显，文创产品的开发品类也逐步融入人们生活的方方面面，频频“出圈”成为爆款。博物馆文创站在新的历史起点上融入人民、回归社会、拥抱生活，让文物焕发了新动能、激发了新活力。

2016年，国家开始实行“文化文物单位文化创意产品开发试点工作”，全国各个文博单位纷纷投身于文化产业的探索工作中。同年，广西博物馆设立文化创意产业研究中心，负责文创产品设计研发、推广销售以及相关研究等工作。2017年，广西博物馆入选首批文化文物单位文化创意产品开发试点单位，文创产品开发从“立足馆藏文物特色，挖掘广西文化底蕴”出发，探索出一条具有广西博物馆特色的文创发展新路径。2024年，广西博物馆完成了内设机构调整工作，将文化创意产业研究中心更名为开发运营部，继续围绕馆藏文物挖掘价值、有效利用，乘势而上、顺势而为，积极打造“大文创”新格局。

2014—2024年，广西博物馆始终坚持博物馆主体地位，利用本地文化特色与优势，在文创产品研发、营销模式创新、文创活动策划、乡村振兴赋能以及专业人才培养等方面进行积极的探索，不断推陈出新，开发出文化内涵丰富、创意新颖独特、贴近时代生活的文创产品，实现了社会效益与经济效益双丰收。

一、守正创新，培育文创品牌

（一）深挖资源特色自主研发

广西博物馆紧紧围绕馆藏文物资源特色，坚持文化性与创新性结合、审美性与功能性结合，自主研发具有广西博物馆特色的文创产品。2014年以来，先后研发了凤灯系列、骆越系列、珐琅彩百花纹系列等50多个系列500多款文创产品，涵盖衣食住行各领域，让藏在博物馆里的文物通过创意设计真正活了起来，实现优秀传统文化创造性转化和创新性发展。

在文创产品研发的过程中，广西博物馆尤其注重突出“广西本土味道”，致力于在传承中创新，应用新技术、新工艺、新材料研发独具特色的文创产品。广西博物馆将广西非遗技艺融入产品创意，如结合国家级非物质文化遗产坭兴陶烧制技艺开发文创茶具类产品，结合人类非物质文化遗产广西六堡茶制作技艺开发霞客品茗六堡袋泡茶等，让非遗技艺焕发新生；巧用广西本土资源，将本土特色产业与文创研发相结合，如利用桑蚕丝、南珠等广西特产开发了丝巾、手提包、胸针、耳环等文创产品，让传统文化融入现代生活；创新红色文创产品研发模式，深度挖掘馆藏红色文物内涵，研发的红色文创产品被遴选为全国优秀红色旅游文创产品，多件文创产品入选“学习强国”商城，让“红色文创”促进红色文化传承。

珐琅彩百花纹系列文创产品

坭兴陶羊角骆越套杯

胜利系列红色文创产品

花山系列文创产品

（二）推动跨界合作实现共赢

广西博物馆积极探索博物馆文创产品的出路，结合本馆的基本陈列与重点文物，吸引社会力量参与文创产品的设计、生产、销售等全过程，构建馆企、馆校相结合的跨界合作开发模式，弥补博物馆专业设计人才和营销人才的不足，从而实现资源整合、多方共赢，有效增强了博物馆的活力，推动了文创产品的提质升级。如通过举办2022年广西壮族自治区博物馆“广西海上丝绸之路”文化产品创意设计大赛，成功汇聚学校、社会创新设计资源；通过IP授权与企业合作生产凤灯雪糕产品，使之成为游客朋友圈打卡博物馆的焦点；与出版社合作开发“博物馆里的动物世界”项目，趣味解读文物内涵，让青少年在学习中感受文物的魅力，爱上博物馆、爱上广西历史文化。

截至2024年4月，广西博物馆共申请注册商标27类；围绕珐琅彩百花纹系列、青花缠枝莲纹系列、大师笔下的广西系列等文创产品进行美术作品版权登记44件（套）；甄选铜鼓茶盘、铜鼓纹U盘、三羊开泰香炉等文创产品申请外观设计专利6件（套）。并以此为基础，对具有商业价值的馆藏资源著作权、商标权和品牌进行整理和设计，形成可授权的内容体系和完整的授权流程。授权开发文创产品82件（套）以上，切实盘活用好馆藏文物资源，推动博物馆逐步开放共享文物资源信息。

广西博物馆授权开发的凤灯文创雪糕海报

广西博物馆授权开发的翔鹭纹铜鼓南宁市民卡

二、多措并举，提升文创影响力

（一）举办丰富活动助推交流

广西博物馆积极举办或参与各类文创产品宣传推广活动100余场次，举办形式多样、内容丰富的文创活动90余场次，通过文创进展会、进景区、进校园、进军营、进乡村及文创大赛等形式，让文创“走出去”，促进文化交流，推动文明交流互鉴。广西博物馆依托中外文化交流活动，让文创走出国门、走向世界，如携文创产品参与中国—东盟文化交流活动，中泰、中越文化交流活动等，充分展现中华优秀传统文化，助推“一带一路”建设，讲好中国故事、广西故事；积极推动与港澳台文化交流和文创合作，共同探索新的发展模式和路径。先后赴香港、台湾进行交流学习，与广西织绣发展研究会、台湾花莲县秀林乡秀林社区发展协会共建“民族文化产业发展研究基地”，通过合作呈现文化创意的多元共生、跨界对话；配合本馆陈列展览赴各地参与馆际交流，举办文创产品展销活动，增强与各博物馆之间的交流合作，促进博物馆文创产业共同发展；与知名商场联合举办特色文创活动，拓展文创服务空间；广西博物馆的精准扶贫桂绣系列产品进驻南宁火车东站广西文化旅游形象展示馆，成为宣传展示广西文化旅游高质量发展新形象新风貌的重要内容。

广西博物馆设在南宁火车东站的广西文化旅游形象展示馆

（二）搭建创意空间共享成果

为保护、继承、弘扬优秀民族文化，让人民群众共享文化创意成果，2016年，广西博物馆创新打造了文化创意空间。文化创意空间是一个无边界创意空间，它既是文创售卖空间，更是开放交流的阅读室、工作室、学习室、分享室，参与者在此共享信息资料和知识，共创文化产品。文化创意空间为生产厂家和设计者牵线搭桥，打造文创产品品牌，并积极向民众进行推广。广西博物馆经常在文化创意空间内举办读书会、学术沙龙、讲座等活动。精美的展览、新奇的文创产品、温馨的空间、雅致的氛围，使文化创意空间成为广西博物馆的一个新亮点。

改扩建之前的广西博物馆文化创意空间

（三）举办文创市集链接生活

广西博物馆联合社会力量，整合高等院校、博物馆、文化传承人及创业者资源，展示优秀文创产品，培育文创人才，推动文创产品开发。利用博物馆室外空间，在“壮族三月三”、国际博物馆日、文化和自然遗产日、国庆节等重要节假日举办文创市集活动。市集精选广西本土优质品牌，涵盖非遗工艺、健康茶饮、传统小食、创意好物、国风艺术等内容，丰富了人们的文化生活，为文化创意产业良性发展注入新活力。其中，广西博物馆新馆开放时举办的“喜庆二十大·奋进新征程——广西博物馆文创市集”，以传承广西地域文化和民族文化为目标，打造了集历史、艺术、潮流于一体的“文创+”沉浸式体验氛围，现场还通过艺术家公开课、音乐快闪、非遗互动、露营体验等多种方式，展现广西民族艺术的丰富性、历史性与趣味性，吸引游客约5万人，在抖音、小红书等话题热度居高不下，总讨论度、总曝光量达到700万次。

广西博物馆文创市集

（四）打造综合体焕新升级

2022年广西博物馆完成改扩建重新对外开放，博物馆文创商店成为服务观众的一个重要区域。改扩建后的博物馆商店，是一个集销售、展示、阅读、休闲、交流、饮食于一体的多功能综合体，设置了文创产品展售区、美食品鉴区、书吧及室外休闲区。文创产品展售区以展售广西博物馆文创产品、广西非遗文创产品为主，广西特色工艺品、名优特产等为辅；书吧以文博类、广西民族文化类书籍的阅览及销售为主，并与广西民族出版社合作共建“那书苑·广西壮族自治区博物馆书廊”；美食品鉴区提供茶饮、轻食，满足观众品味“舌尖上的广西”的需求，室外有150平方米的休闲区域，供观众用餐及休憩。

作为博物馆的“最后一个展厅”，广西博物馆文创商店延续“内外结合、动静相辅、有声有色、有滋有味”的办馆特色，让观众在休闲娱乐中购买具有馆藏特色的“潮玩”文创产品，留住美好的参观回忆，真正“让文物活起来”“让历史动起来”“让文化亮起来”。文创商店开放后销售额持续增长，实现了社会效益与经济效益双丰收。

广西博物馆文创商店产品展售区

广西博物馆文创商店书吧区域

三、主动担当，积极履行社会责任

（一）文创扶贫与乡村振兴

广西博物馆充分发挥文创产品在脱贫攻坚、乡村振兴中的作用，深挖广西民族优秀传统文化的精髓，传承弘扬中华优秀传统文化，采用“博物馆+企业+合作社+农户+市场”的帮扶模式，在定点帮扶村凤立村设立桂绣坊，常年在桂绣坊举办公益性桂绣技能培训，带领广西老少边山穷地区的妇女通过织绣解决就业和致富问题，用“在家刺绣、居家创收”的方式帮助当地留守妇女脱贫致富，并达到保护和传承传统手工技艺的目的。桂绣“织娘”队伍日益壮大，珍贵的文化遗产也得到传承。此外，2016年在崇左市龙州县双蒙村板池屯建立龙州壮锦技艺工坊，全村170多户中加入“非遗+扶贫”就业工坊的织锦队伍的就有50多户，这些“织娘”在兼顾农活、照顾家庭的情况下，每天织锦2至4小

2018年，凤立村桂绣坊揭牌仪式

时，年收入达1万元以上。2018年6月，龙州壮锦基地被列入文化和旅游部、国务院扶贫办支持的第一批“非遗+扶贫”就业工坊。

（二）基地共建与人才培养

广西博物馆积极履行责任，为文创人才培养搭台引路。先后举办博物馆文化创意产品研发高级研修班等多个文创培训班，为西南地区博物馆和广西区内博物馆培养了几百名文化创意开发人才，切实提升博物馆文化创意工作人员的业务水平；通过共建校馆地合作新模式，推进产学研用融合发展，与高校签订共建产学研基地合作协议，与高校共同培养文创人才，为学生提供实训平台，推进课程理论与实习实践相融合，取得可喜成绩。其中，与南宁师范大学美术与设计学院合作开发文创产品四季美妆LED镜子荣获2021年“广西有礼”广西特色旅游商品创意设计大赛金奖。

广西博物馆与南宁师范大学美术与设计学院合作开发的文创产品

2022年，广西博物馆举办全区博物馆文化创意产品研发高级研修班

四、文化赋能，工作屡获殊荣

广西博物馆依托馆藏文物资源，以自主研发为主，积极探索跨界融合，开发特色鲜明、内涵丰富的文创产品，2014—2024年共荣获文创奖项90余个，珐琅彩百花纹系列、花山系列文创产品被遴选为100件（套）全国百佳文化创意产品。因在博物馆文化创意工作方面的突出表现，广西博物馆在第二届全国文化创意产品推介活动中荣获“全国文博百强文创产品单位”称号，还荣获“中泰文化交流优秀参展单位”等多个荣誉称号。这些荣誉的获得增强了广西博物馆文创产品在文化创意产业和消费体系中的竞争力与影响力。

随着“博物馆热”的持续升温，博物馆文创开发也呈井喷态势，新模式、新玩法层出不穷。未来，广西博物馆将继续立足馆藏资源和地域文化，守正创新，开拓思路，落实“文化+”和“大文创”理念，持续探索建立适应市场规律的文创发展模式，打造特色化、专业化文创品牌，创造博物馆文化的更多可能，用博物馆文创点燃人们对传统文化的热情，丰富人们的精神文化生活，推动博物馆文创工作高质量发展。

骆越风韵·瑶民起义口号系列文创产品被遴选为全国优秀红色旅游文创产品

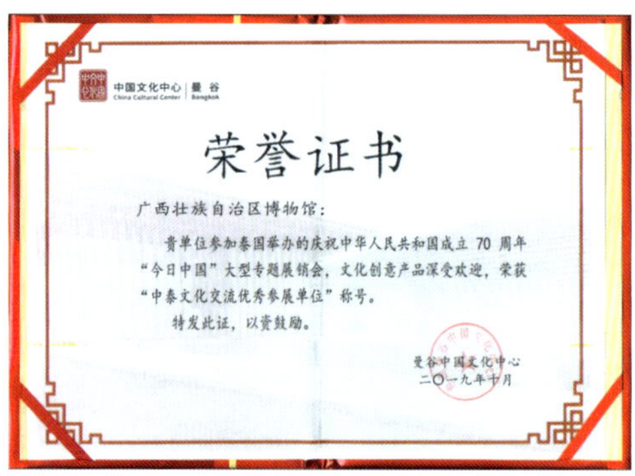

广西博物馆荣获“中泰文化交流优秀参展单位”称号

第十章

守卫安全

——保障服务高品质

博物馆作为文物典藏的展示场所，又是人员密集的公共文化服务机构，对安全保卫工作有着非常高的要求。广西博物馆一直树牢“安全工作无终点，天天都是零起点”的管理理念，层层压紧安全责任链，全面强化安全监督和保障服务职能，增强安全保卫力量，在消防安全、反恐应急、文物安全等方面持续发力，着力防范重大安全风险，消除重大安全隐患，推进安全保卫工作系统化、纵深化，不断提升安全管理水平。

在安全防范方面，通过视频监控子系统的“模转数”升级、入侵报警子系统主机硬件分区改造等工作，建设了一套人防、物防、技防相结合，探测、延迟、反应相协调，防护级别与风险等级相适应的安全防范纵深防护系统。其中，基于边缘计算技术的博物馆全展厅人流统计子系统在区内博物馆首次使用，成为新馆安全防范系统赋能智慧博物馆建设的重要底层数据支撑手段。

在消防系统方面，通过对功能分区的合理规划，硬件系统全面升级，构建了预作用喷淋系统（展厅区域）、气体灭火系统（业务用房、设备用房区域）、喷淋系统（办公区域）、防排烟系统、疏散指示与疏散通道的自动灭火与疏散系统，建设了一套适合博物馆实际功能、符合当前规范要求的消防体系。

通过科学规划、合理设计、规范施工，广西博物馆建设了区内一流、国内先进的一套安全防范体系。

一、安全保卫工作

（一）建章立制，助力场馆安全

不断完善制度建设。2014—2024年，广西博物馆针对馆内治安保卫、消防管理、开放保障、业务安全等实际情况，调整了《广西壮族自治区博物馆安全防范应急预案》《广西壮族自治区博物馆公共安全突发事件应急预案》《广西壮族自治区博物馆灭火和应急疏散预案演练制度》《专职和义务消防队的组织管理制度》等专项预案与制度文件20余份。2018年以来，为应对改扩建后新场馆、新设备、新系统的挑战，重新编制了《安全物业管理部工作职责》《安全技术防范控制中心人员岗位职责》《消防设施安全检查制度》《消防设施器材维护管理制度》《广西壮族自治区博物馆火灾隐患整改制度》等与火灾、盗

开展全馆职工消防演练活动

窃、恐袭、人流拥堵等多个专项预案相关的文件近20份，并要求安保部门员工熟悉掌握规章制度，熟悉技防监控系统、消防报警系统等设备的运行状况。在安全保障制度的有效实施下，广西博物馆各项工作得以平稳运行，有效提升了公共文化服务保障的水平。

压紧压实安全责任。为应对近年来不同形势的需求，安保部门在安全保卫方面严格落实各项防控要求，将全馆的消防、治安风险的重点区域划分为网格式管理，同步罗列包含风险要素的表格台账，通过对安保部门人员实行“一岗双责”、逐级签订责任状负责的方式，与物业的日查、月查、季查制度相结合，突出巡查重点区域，制定安全风险隐患整治台账，做到安全风险区域全覆盖，完善人员责任闭环管理，形成全馆上下齐抓共管协同发力的安全责任管理环境。

开展全馆职工防暴演练活动

（二）加强培训，注重队伍建设

注重提高员工的实践能力。每年组织开展至少2次全馆与物业人员的消防与反恐防暴演练，提高了员工对各类型突发事件处置的响应速度，也提升了广西博物馆面对实际情况的应对能力。

注重提高安保团队业务能力。通过积极参加与组织全国博物馆行业协会的安全专业委员会培训班等形式，提高安保人员的能力。为积极响应应急管理部消防救援局对消控室人员资质的新规定，同时也为保障改扩建后的新馆安全环境，鼓励员工积极考取相关证书。2021年以来，多名员工获得消防设施操作员证书。

注重加强基础设施建设。广西博物馆改扩建完成后，在技防设施方面，场馆配备了全新的由防入侵报警系统、无线通信指挥系统、视频监控系统等多个子系统组成的全套数字安防系统。在消防设施方面，针对展厅、文物科技保护中心和办公区的不同使用性质，配备了预作用、自动喷淋等多套设备组成的自动消防灭火系统。为保证设备的正常运行，安保部门组织编写了操作注意事项与疏散规范等简易教材，定期对馆内相关人员开展培训，确保技防和消防管理规范化、制度化。

（三）建立联动机制，注重风险防范

近年来，广西博物馆与属地公安、消防、城管等执法部门建立合作机制，确保旅游旺季和重大活动期间可以获得警力支持。自2022年11月新馆开放以来，共保障了160万人次平安游览，配合完成党和国家领导人、外籍嘉宾等各类型政务接待200余场次，实现了全馆无文物事故、无重大安全突发事件的目标。自2015年以来，广西博物馆多次被评为“南宁市单位内部治安保卫工作先进集体”，多名员工荣获“安全保卫工作先进个人”等称号。

二、后勤保障工作

（一）发挥后勤作用，保障场馆运行

设施维护不松懈。市政供水、供电的保障与空调、电梯等相关设施设备的安全运行是广西博物馆后勤保障工作中的重要一环。广西博物馆围绕这一核心环节，建立运行维护设备设施与门窗锁具等各类器械的巡查检修机制。广西博物馆改扩建完成后，针对陈列大楼展厅、文物科技保护中心和办公区的不同使用性质，配备了中央空调、多联机空调、恒温恒湿空调等多套设备系统。不同的运行方式和分区模式对后勤保障工作提出了新的挑战，广西博物馆定期开展安全生产教育，加强手动启动设备等应急演练，严格执行定期区域体感舒适度巡查制度，切实保障设施设备安全高效地运行。此外，针对新馆投入运行后发现的施工遗留或设备磨合问题，广西博物馆积极督促整改，通过增设中央空调变频器等方式，为博物馆对外开放、

新馆落成开放后的消控设备维护

对内服务提供了强有力的支撑。

提升服务品质不松懈。为提升服务品质，相关部门积极倾听游客反馈，通过动态调整入场政策等形式，在确保安全的前提下，优化游客进场流程。2022年新馆开放以来，面对建筑面积由17370平方米增至33262平方米的挑战，广西博物馆任专人为物业服务品质检查员，通过每日对服务进行检查，每月形成打分表的形式，制定品质服务管控，不断完善服务流程等一系列举措，构建品牌保障，确保游客的游览环境。

（二）绿色发展，节能减排

广西博物馆以改扩建项目为契机，大力提升各项设备与节能设施。一是推动电梯设备升级。广西博物馆积极响应国家节能减排的号召，在电梯设备升级方面，为保证游客的游览路线均可搭乘电梯，也为保证展厅和文物库房的运输流线的安全性，在建设期间拆除原有2台垂直电梯，新增符合节能规范的扶手电梯、垂直电梯、货运电梯等设备，相关部门负责对每套电梯系统配备节能变频装置、能量回馈装置等设施开展维护保障工作，确保电梯在重载下行、空载上行与刹车过程中产生的能量反馈回电网，从而避免电梯机房大量的热效应产生，减少电梯配套设备的能耗。

推动照明设备升级。广西博物馆明确要求施工单位须搭建节能照明设备的平台，推动节能照明产品的应用，在保证不同区域业务要求的照度前提下，采用超过5000余盏技术指标符合国家现行规范的LED照明灯具。

推动变配电系统提升。广西博物馆在改扩建期间全面提升变配电系统，主要通过在专业变配电房增设节能保护器，更有效减少了电网中浪涌、谐波等无功能耗损失，提高了整个系统的用电使用率。

推动水系统提升。搭建了新型的节水平台，所有区域的水龙头、厕所等用水设备均采用节水器材。此外，通过对大楼与周边的管网整体改造，杜绝了老旧地下水网因腐蚀或地面沉降等自然原因引起的渗漏现象。

推动垃圾分类工作。通过在民族文物苑区域内规范设置垃圾投放点，保证垃圾桶与垃圾站标准设置全覆盖。所有室外垃圾桶均为分类垃圾桶，垃圾站设有分类信息公示牌与宣传栏，并喷绘有显著的分类指导图像与文字，引导游客进入苑区后自觉遵守垃圾分类投放。2023年，广西博物馆被自治区机关事务管理局评为自治区节水型单位与自治区节能示范单位。

为打造安全和谐的环境，广西博物

高要求、高标准地推动垃圾分类工作

馆一方面利用改扩建项目的契机，统筹考虑了预算、硬件与软件冗余升级空间、场地实际等情况，将先进成熟的技术投入到工程当中，并通过完善的制度与执法部门的联动机制为场馆的安全提供了保障。另一方面，通过灵活的制度，并结合社会专业技术力量，积极推进各项后勤保障工作，如采用专题学习会、工作推进会等形式，结合博物馆工作的特点，提高窗口服务队伍的素质。

第十一章

群英荟萃

——队伍建设激活力

功以才成，业由才广。古往今来，人才都是强国之本、兴业大计。博物馆作为深入发掘文化资源，弘扬中华优秀文化的重要阵地，必须造就一支素质优良、结构合理的人才队伍。广西博物馆始终坚持“人才是第一资源，创新是第一动力”的理念，着力推进高素质人才队伍建设，实施人才强馆战略。

根据人力资源和社会保障部、国家文物局《关于进一步加强文博事业单位人事管理工作的指导意见》《关于深化文物博物专业人员职称制度改革的指导意见》，以及中共中央组织部、人力资源和社会保障部印发的《事业单位工作人员考核规定》精神，广西博物馆开拓创新，以转换用人机制和搞活用人制度为核心，推行竞聘上岗机制，严格绩效考评，激励创先争优，建立权责清晰、机制灵活、监管有力的管理制度，激发博物馆内部生机与活力，促进人才梯队更加合理，逐步提高人才层次，为推动广西博物馆事业发展行稳致远提供坚实的组织基础和人才保障。

2014年以来，广西博物馆有近320人次荣获各级各类奖励，其中17人次获得省部级人才称号或奖项。有文化部优秀专家1人，入选全国红色旅游五好讲解员培养项目2人、广西文化名家暨“四个一批”人才1人、广西“十百千”高端会计人才1人，获广西文艺创作铜鼓奖1人、八桂文化艺术奖先进个人2人、左江花山岩画文化景观申报世界文化遗产工作嘉奖1人，主持国家级科研项目4人、省部级科研项目4人，有各级各类专家库成员21人、文物博物系列高级职称评委14人。截至2024年4月，全馆有高级职称34人、中级职称46人，中级及以上职称人员占比71%；有博士2人、硕士38人、本科和在职研究生53人，本科及以上学历人员占比82%。

一、人才引育，固本强基

广西博物馆坚持深化人才引育发展，加快人才引进与培养步伐，积极营造聚才、敬才、用才的良好环境，努力建设一支堪当推动广西博物馆事业高质量发展重任的高素质专业化人才队伍。

2023年，广西博物馆公开招聘现场

（一）靶向引才

广西博物馆重点引进陈列展览、藏品保管、科学研究、宣传教育、博物馆智慧化建设等重点岗位的人才，拓宽引才思路，用活引才政策措施。针对博士人才短缺问题，通过高层次人才引进方式，引入具有海外留学履历的博士研究生，有效解决了广西文博行业高端人才短缺的问题。公开招聘人员，不只注重专业是否对口、理论水平是否高超，更注重实际操作能力是否契合广西博物馆需要，在通过笔试后加入实操考试环节，促使招聘更具针对性，达到好中选优、优中选更优的目标。此外，还灵活采用招聘形式。如招聘讲解员，设置即兴讲解、现场应急、才艺展示等考评，以综合技能测试代替笔试，取得良好效果。2014年以来，共引进各类人才52人，为博物馆事业发展注入新生力量。

（二）整体养才

通过请进来、走出去、多交流等方式，全力提升员工队伍学历层次和综合素养。举办各类业务培训班、岗位练兵活动，如全区博物馆陈列展览策划与实施培训班、广西博物馆“三区”文化人才宣教讲解培训班、全区博物馆文化创意产品研发培训班、全区博物馆研学旅行工作培训班等，组织学员赴北京、上海、广东、河南、福建等地的博物馆参观学习，以理论与实践相结合的教学方式，帮助学员拓宽视野，提高能力。举办广西博物馆“文博讲堂”“瓯骆讲堂”，邀请纽约大都会博物馆、南京大学等机构的知名专家，举办“新时代下的博物馆文化传播”“期刊编辑视野中的论文写作与投稿”等专题讲座，营造浓厚的学术氛围，促使科研之树常青。鼓励员工赴高校、文博单位等参加培训和开展学术交流，既推进了广西博物馆与各文博单位的交流与合作，也使员工的视野得到拓展，能力得到不断提升。支持员工赴复旦大学、南京大学、中国艺术研究院等高校院所读硕读博，获得更高学历。全馆员工每年参加各类培训200余人次，参加学术活动近300场次，主要参加了展览策划、文化遗产保护、文创产品研发、社会教育服务、文旅融合发展等方面的培训和学术活动。

广西博物馆举办业务培训班，开展岗位练兵活动

广西博物馆员工参加各类培训班、学术活动

广西博物馆员工参加各类培训班、学术活动

（三）长远育才

青年人才的素质是博物馆保持高质量发展的内在动力，决定着博物馆的未来。广西博物馆着眼当下，放眼未来，将培养青年业务骨干作为一项长期的中心任务，通过开展传帮带，支持青年员工申报课题，以及通过灵活开展专项业务培训等方式，促进青年员工在干中学、在学中干，着重培养一批有潜力的业务骨干，为广西博物馆可持续健康发展奠定坚实的人才基础。其中，“广西博物馆新进人员综合能力专业化培训班”对新进员工十分重要，培训班邀请区内外博物馆领域的专家学者，就文博政策法规，博物馆藏品、展览、教育、智慧化建设，博物馆文化，党的政策理论、财政预算绩效管理和政务礼仪等进行授课，通过理论知识解读、典型案例解析、实践经验分享和互动问答等形式，帮助新进员工提高适应岗位工作的能力，明晰自己的工作目标和努力方向。此外，广西博物馆利用作为全区涉案文物鉴定机构、广西唯一一家开展常态化公益性民间收藏文物鉴定咨询服务机构等契机，灵活开展文物鉴定培训，为年轻的员工创造更多接触文物、倾听知名专家现场授课的机会，提升文物鉴定水平和能力。通过培养年轻员工，有效发挥他们的作用，使博物馆整体工作面貌有活力、有精气神，呈现积极向上、锐意创新的态势。近年来，许多青年人才专业技术得到长足进步，涌现出一批在展陈、科研、文保、教育等方面有突出表现的业务骨干。

此外，广西博物馆还与广西师范大学、广西民族大学、广西艺术学院、广西财经学院、广西城市职业大学等高校构建合作机制，充分发挥博物馆的藏品资源、学术资源、人才资源优势，为高校学生提供理论授课和实践锻炼。早自2004年起，广西博物馆还与广西文物保护与考古研究所、广西师范大学共同建立“考古学及博物馆学”专业硕士研究生联合培养基地。该基地于2007年正式开展教育教学活动，并于2014、2017年2次获得教育厅评选的广西研究生培养创新基地建设项目。2023年获批成为广西示范性研究生联合培养基地。多年来，在三方共同努力下，研究生联合培养基地已陆续培养16届学生，共计150余人，为广西乃至全国文博系统输送了一批高层次、高素质的专业人才。

2023年6月26—30日，广西博物馆举办新进人员综合能力专业化培训班

二、用才工作深化发展

坚持在“用才”上下功夫，努力让人才发挥效能最大化，不断向纵深推进发展，奋力推动博物馆事业高质量发展。

（一）人岗相适

以内设机构调整设置为契机，推动转变人才管理方式，建立完善人才管理长效机制。在干部选拔任用方面，以党管人才为统揽，发挥党委把关定向作用，把政治标准放在首位，推进干部队伍专业化、年轻化。试行中层干部聘用制，聘期3年，并实行轮岗交流制度，促进干部多岗位锻炼，打破干部任用终身制，探索干部能上能下的常态化选用机制。根据国家和自治区深入推进事业单位人事管理制度改革的相关文件精神，制定了《广西博物馆岗位设置及职责规范》，细化岗位职责，明确岗位聘用任职条件，实行一人一岗、全员聘用制度。在严格执行岗位竞聘实施方案的

2024年2月5日，广西博物馆举行岗位聘用签约及聘书发放仪式

公平、公正进行职称评审

同时，做好政策解释与安抚工作，顺利完成全馆岗位设置改革工作。

（二）专才指引

文博职称评审遵循公平、公正、公开原则，务实高效做好职称及岗位晋升工作。着力解决以往重理论轻实践、重科研轻实操、不同类型人才评价标准单一等问题，破除唯学历、唯资历、唯论文、唯奖项倾向，注重考核人才的德行品质、奉献精神、工作态度、实际业绩。每年开展2次专业技术岗位竞聘，对于业绩突出、有担当、群众认可的人才优先聘至相应的专业技术岗位，形成正向激励效应，同时也深化了评聘分开制度，推进专业技术岗位竞聘工作纵深发展。

（三）考核出才

突出人才绩效考核结果导向作用，用好用活考核评议“指挥棒”。每年做好员工年度考核、绩效考评，以及各级各类评优评先工作；积极探索人才考核后续跟踪管理办法，树立品德、能力、贡献导向，注重考核结果的运用；为充分发挥考核结果的激励作用，进一步调研建立与岗位需求相匹配的人才考核标准体系的可行性，杜绝“一考了之”现象，形成鼓励人才开放创新的局面。

三、留才服务紧密相随

坚持在思想上重视人才、工作上支持人才、生活上关心人才、感情上呵护人才，营造全心留才的良好环境，优化人才发展生态。

（一）制度留人

广西博物馆适应新时期人才发展形势，充分调动全馆员工工作的积极性、创造性和主观能动性，创新人才培养激励机制，建设适应博物馆事业发展需要的优秀人才队伍。近年来围绕人才建设制定了一系列制度，主要有《广西博物馆奖励性绩效工资发放办法》《广西博物馆在职人员继续教育管理办法》《广西博物馆员工培训管理办法》《广西博物馆岗位竞聘实施办法（试行）》《广西博物馆中层干部选拔任用和监督管理办法》《广西博物馆聘用人员管理办法》等。其中，《广西博物馆奖励性绩效工资发放办法》从目标责任奖和成果转化奖两大方面共6个板块对工作中表现突出的个人制定激励措施；《广西博物馆员工培训管理办法》从四大类培养方式上促进员工不断提升业务能力和管理水平；《广西博物馆在职人员继续教育管理办法》鼓励员工继续深造学习，攻读硕士、博士学位，并给予工作和经费上的大力支持；《广西博物馆岗位竞聘实施办法（试行）》在遵循自治区人社厅竞聘上岗指导意见的基础上，结合实际，设置定性与定量的评分指标，既确保制度的可操作性，又能使结果客观公正。

（二）事业留人

人才因事业而聚，事业因人才而兴。广西博物馆围绕建设中国特色世界一流博物馆的目标，探索深化人才发展机制改革，致力在管理机制上“放权”，在考核机制上“放开”，在分配机制上“放活”，逐步建立“授权事项”“松绑赋权”清单，破除影响人才成长的障碍，为人才“加椅子、留位子、架梯子”。2024年初，以改革创新作为事业加速发展的强大动力，通过优化业务组合，调整内设机构，更加合理划分部门职能职责，突出主责主业，由部门中层拟订岗位设置及职责设定，以事定岗，

2024年1月12日，广西博物馆召开中层干部公开竞聘大会

以岗择人，赋予用人部门更多自主权，激发人才创新创业活力，让更多优秀员工尤其是青年人才在干事创业中“挑大梁”“唱主角”。在选拔任用中层干部时，采取公开演讲竞聘方式，让能者上、优者胜，推行“权责利”辩证统一，有效促进了干部管理和博物馆事业协调发展。

（三）感情留人

坚持以人为本，聚焦架起连心之桥，关心关爱员工，持续做好谈心谈话工作，积极营造尊重知识、尊重人才的氛围，努力打造团结奋进、履职担当、业务精湛的优秀人才队伍。对于新聘任的中层干部，由党委牵头组织谈心谈话，一方面做好干部党风廉政建设，另一方面传达组织的殷切嘱托，从思想情感上深化干部的履职担当意识；对于公开招聘的新员工，通过召开新员工座谈会，馆领导、部门领导与新员工开展谈心谈话，沟通情感，鼓励员工成长成才；日常工作中，加强员工问题的调解，晓之以理、动之以情，强化构建和谐的人际关系。

2014—2024年，广西博物馆坚持加

强人才队伍建设，以人才促进事业发展的成效有目共睹。奋楫扬帆正当时，厉兵秣马再前行。接下来，广西博物馆将不断探索实行更加有效的人才机制，促进人才资源合理开发利用，构筑博物馆人才高地，让每一个想干事、能干事、干成事的人在广西博物馆有无限的机会和更加广阔的舞台。

2020年，广西博物馆馆长韦江与新进员工开展“追梦者　圆梦人”主题交流座谈

我们这十年

广西壮族自治区博物馆
2014—2024 年发展历程

大事记（2014年—2024年4月）

下篇

2014年

1月

3日，吴伟峰馆长获评文化部优秀专家。

7日，举办“品味广西：美丽家园·2013广西非物质文化遗产摄影大赛”评审活动。

7日，“‘天下河池美·神奇红水河’——‘两岸四地’百名美术书法摄影家走进河池采风作品展”开幕。

11日，获“2012—2013年度广西日报社《当代生活报》社区服务大篷车活动爱心公益服务单位”称号。

13日，吴伟峰馆长、周敏书记等一行5人赴宾阳县民族织锦厂考察和调研壮族织锦现状。95岁高龄的韦春芳老人向广西博物馆捐赠了其设计制作的壮锦作品。

15日，“我们的中国梦——广西摄影家协会摄影创作基地联展”开幕。

18日，广西博物馆志愿者开展2014年第一期志愿者学习交流会。

19日，台湾正修科技大学、台湾中山大学、台湾静宜大学、台湾屏东教育大学等15所台湾地区大学校长及代表组成的台湾地区院校艺文中心协会代表团到馆进行文化交流。

21日，“南宁职业技术学院艺术工程学院2014届毕业设计作品展”开幕。

27日，“南宁市第十三届教育系统师生迎春艺术作品展”开幕。

31日—2月6日，开展“新年新印象、博物馆知识堂”活动，《新闻联播》对汉服体验活动进行了报道。

2月

12日，陆文东副馆长带队赴柳州与罗宝珊先生家属就“丹青桂韵——馆藏罗宝珊捐赠作品展”相关事宜进行交流。

25日—3月1日，周敏书记带队赴老挝国家博物馆进一步洽谈落实“老挝历史文化展览”相关事宜。

3月

3日，自治区人民政府办公厅捐赠1981—1982年使用的“广西壮族自治区人民政府”牌匾。

5日，《馆藏浮雕饰大铜钟保护修复方案》《馆藏合浦汉墓出土金属文物保护修复方案》获国家文物局批复。

5日，广西博物馆志愿者及团员参加“2014年青秀区团委深入开展学习雷锋精神统一行动日”活动。

7日，推出“瓷美如花——馆藏瓷器精品展”“丹青桂韵——广西近代美术教育名家作品展”“瓯骆遗粹——广西百越文化文物精品展”3个线上展览。

8日，开展2014年国际劳动妇女节“我的妈妈是女王”亲子活动。

12日，广西博物馆志愿者到广西大学开展植树节主题美术课。

13日，“奇珍共赏——馆藏捐赠文物特展”开幕。

26日，前往南宁市苗圃行动华光女子高中开展历史文化志愿服务活动。

27日，陶少艺副书记派任贺州市昭平县黄姚镇界塘村第一书记。

28日，“丹青桂韵——桂北李氏一门书画作品展”开幕。

28日，前往南宁市盲聋哑学校开展“爱满博物馆”文化志愿服务活动。

30日，广西博物馆、广西织绣发展研究会与台湾花莲县秀林乡秀林社区发展协会共建民族文化产业发展研究基地揭牌仪式举行，三方共同签订了“共建民族文化产业发展研究基地”合作意向书。

31日，到南宁市桂雅路小学开展“三月三”相关历史知识活动。

4月

1日，前往南宁市师范学校附属小学开展家乡“三月三”民族风情活动。

2日，举办“品味广西：2014‘三月三’歌会”。

10日，马腾蛟一家捐赠100件马万里名号章和8件印拓立轴。

11日，与广西民族博物馆联合举办的“瓯骆风　八桂情——广西民族历史文物展”在东莞市博物馆开幕。

19日，开展“知识堂”之“地球小卫士”活动。

5月

5日，上线智慧导览手机客户端。

11日，走进南宁市金龙理想1号社区开展流动展览及母亲节活动。

14日，向自治区外事办征集到一批中越陆地边界勘界实物资料。

15日，《馆藏书画修复保护方案》获国家文物局批复。

16日，与南宁市桂雅路小学举行爱国主义教育基地揭牌仪式。

17日，“中国梦·家乡情——广西第五届‘八桂画童’美术、书法、摄影大赛优秀作品展”开幕。

17日，“品味广西：2014广西非物质文化遗产美食展”开幕。

17日，广西“三区”人才文物鉴定与文物保护研讨班开班。

18日，举行文物保护修复展示、免费文物鉴赏、“博物馆日的故事”等活动。

18日，“方寸之间显真章——马万里先生用印展”开幕。

18日，举办“八桂史话”系列讲座第一期“马万里与广西”，主讲专家为广西科技书画院原院长周榕林。

20—22日，组织专家赴钦州市博物馆开展“三区文化人才支持项目”帮扶工作。

24日，举办“八桂史话”系列讲座第二期“篆刻探源”，主讲专家为广西书画院专家王友杰。

30日，将广西博物馆干部职工捐献的“爱心助学金”送至南宁市柳沙学校。

30日，“汉字——中国文字博物馆藏文物展”开幕。

6月

1—2日，开展2014年端午节亲子活动。

4日，“岭南画派传人——管国机先生从艺70载作品回顾展”开幕。

5日，“丹青桂韵——罗宝珊艺术人生回顾展”开幕。

7日，举办“八桂史话”系列讲座第三期“舌尖上的广西”，主讲专家为吴伟峰馆长。

8日，广西博物馆志愿者代表一行12人赴合浦、钦州开展“志愿者万里行”活动。

10日，“墨妙印绝不犹人——马万里书画篆刻艺术回乡特展”在常州博物馆开幕。

10—14日，陆文东副馆长率队赴罗城仫佬族自治县、环江毛南族自治县、金城江区、东兰县等地开展“三区文化人才支持项目”帮扶工作。

11日，自治区外事办向广西博物馆捐赠“2013美丽广西港澳行”联谊酒会嘉宾签名牌。

13日，与南宁市天桃实验学校举行爱国主义教育基地揭牌仪式。

14日，与广西纺织工业学校举行文化育人基地签约揭牌仪式。

14日，走进南宁市振宁翠峰小区开展“文化遗产日”相关流动展览及活字印刷体验活动。

14日，开展以“让文化遗产活起来”为主题的一系列文化体验活动。

14日，举办“八桂史话”系列讲座第四期“千古灵渠　天下奇观”，主讲专家为蓝韶昱副研究馆员。

18日，“漓江画派·2014‘关注时代——广西当代人物画创作作品展览’”开幕。

23日，“家园·黄格胜小品展”开幕。

28日，举行2014年度新志愿者上岗仪式暨2013年度志愿者之星颁奖仪式。

7月

1日，“‘中国梦·美丽广西’——广西美术家走进‘清洁乡村’采风写生创作作品展览”开幕。

3日，吴伟峰馆长主持的课题《中国壮锦与东南亚相关织锦的综合研究》获2014年度国家社科基金项目立项。

5日，举办2014年暑期“小讲解员”选拔活动，从100名选手中选拔出了30名优秀中小学生。

11日，圆满完成贵港博物馆讲解员岗位培训工作。

15—18日，开展“暑期欢乐营——小讲解员训练营”。

16日—9月15日，由广西壮族自治区文化厅和香港特别行政区政府康乐及文化事务署主办的“陶塑人间：广西古代陶制明器”在香港历史博物馆展出，广西博物馆22件藏品参展。

18日，何乐思、萧潇分别获广西爱国主义教育基地“金牌讲解员”大赛一等奖、三等奖。

22—25日，开展“暑期欢乐营——小讲解员训练营”。

24日，泰国黎逸府黎逸市政府文化教育代表团到馆参观交流。

29日—8月1日，开展“暑期欢乐营——中国书画体验营”。

8月

1日，赴广西海警第二支队开展文化慰问活动。

4日，为欢庆中国传统节日，组织开展“七夕秀巧手亲子活动”及“绣球DIY情侣活动”。

5—8日，开展“暑期欢乐营——中国书画体验营”。

6日，文创产品获“丝路·长安”国际文化创意周暨第二届“中国创意”产品大赛“文化传承奖”。

12—15日，开展“暑期欢乐营——传统手工趣味营”。

16日，到南宁在水一方小区开展“画团扇”系列活动。

19—22日，开展“暑期欢乐营——传统手工趣味营”。

22日，“粤海清风——东莞市博物馆藏岭南名家扇面展”开幕。

22日，“罾山、罾水、罾人——广西壮族文化展”在浙江省博物馆开幕。

27—31日，组织业务骨干赴罗城仫佬族博物馆开展“三区文化人才支持项目”帮扶工作。

29日，到南宁市南湖碧园小区开展“粤海清风——东莞市博物馆藏名家扇面展”相关流动展览及“扇子的趣味”体验活动。

30日，首次举办微信公众号粉丝专场活动。

9月

1—5日，组织业务骨干赴都安、大化、巴马、凤山、天峨、南丹等6地开展广西第一次可移动文物普查文物认定工作。

2—5日，组织业务骨干赴百色田阳博物馆、百色右江区文化局开展“三区文化人才计划支持”项目。

5日，前往南宁市民乐路小学、桂雅路小学开展“我们的传统节日——中秋节”系列活动。

6—7日，开展“扇子的趣味”系列活动之手绘扇面评比活动。

6—8日，举办“团团圆圆话团扇”“巧手捏精美玉兔”“中秋月饼我做主”等系列活动。

11日，举办第八届中国—东盟青年艺术品创作大赛。

14—17日，组织业务骨干赴马山县文物管理所、上林县文物管理所开展“三区文化人才支持项目”帮扶工作。

16日，“Auto-clinic——王大宙生物艺术展”开幕。

17日，自治区副主席李康到馆参观“Auto-clinic——王大宙生物艺术展”。

18日，新加坡总理公署兼文化部部长陈振泉向广西博物馆捐赠书法《藏真》，南宁市书法家协会主席黄大业向广西博物馆捐赠书法《博雅》。

25日，“丹青桂韵——馆藏齐白石、黄宾虹、徐悲鸿、张大千精品画展”开幕。

26日，中国博物馆协会博物馆学专业委员会2014年年会暨“博物馆个性化研究”学术研讨会开幕。

29日，广西博物馆党员参加“在职党员进社区‘微心愿’圆梦活动”。

10月

1日，自治区主席陈武对广西博物馆改扩建项目作出批示。

1—2日，举办“感受中国风　畅享中国梦”庆祝中华人民共和国成立65周年系列活动之“古风国韵”音乐会。

1—7日，开展“感受中国风　畅享中国梦”庆祝中华人民共和国成立65周年系列活动之传统手工课堂。

3日，由广西博物馆编写、广西教育出版社出版的《潘郁生文集》获2013—2014年度中南五省（区）优秀教育读物二等奖。

11日，圆满完成第四十五届世界体操锦标赛媒体记者团的接待任务。

14—17日，周敏书记等一行6人赴钦州市博物馆、灵山博物馆开展“三区文化人才计划支持项目”帮扶工作。

21日，“我们的中国梦·美丽西江——美术、书法、摄影作品展”开幕。

22日，成立《南国早报》“小记者实践基地”。

23日，自治区文化厅党组成员、副厅长顾航在自治区文物局局长谢日万、自治区文化厅计财处处长陈菊等人的陪同下，到广西博物馆召开中层以上干部工作会议。

28日，“2014广西北部湾国际写生作品展”开幕。

11月

1—2日，“多彩拓印”之“植物拓印”主题活动拉开序幕。

3日，与南宁市越秀路小学共建爱国主义教育基地。

5日，与南宁市第四十七中学共建文化艺术教育基地。

12日，由自治区党委宣传部、自治区乡村办主办，广西日报传媒集团承办的“‘美丽广西·清洁乡村’摄影纪实展暨‘美丽广西’乡村建设宣传微平台升级版启用”活动举行。

15日，走进南宁市万力社区开展活字印刷体验活动。

15—16日，开展“多彩拓印”主题活动之“青铜器拓印”。

16日，举行志愿者招聘面试。

19日，“谭明彪画展”开幕。

21—24日，赴马来西亚吉隆坡开展“美丽中国　美丽广西——庆祝中马建交四十周年广西民族文化展”系列活动。

22—23日，进行志愿者笔试考核。

28日，自治区文化厅督察组到广西博物馆开展中央八项规定落实情况督查工作。

12月

1日，黄璐荣获“全区未成年人思想道德建设工作先进个人”称号。

3日，广西考古学及博物馆学专业研究生教育创新人才联合培养基地和泛北部湾区域研究协同创新中心成立。

5日，“壮美广西·神奇美丽新桂西——广西民进摄影作品展”开幕。

5日，与全区10所高校共建广西高校文化志愿者服务基地。

6—7日，“八桂油茶节”开幕。

7—14日，举办广西“三区”文化人才支持项目——藏品保管和保护修复专业技能提升班。

8—15日，组织广西“三区”文化人才宣教学员赴杭州、苏州、南京交流学习。

9日，首届“文采广西”书法展开幕。

15日，参与举办的“中国·海上丝绸之路文物精品图片展”在联合国总部开幕。

19日，“异趣·同辉——广东省博物馆藏清代外销艺术精品展”开幕。

21日，广西壮族自治区考古博物馆学会更名及换届选举大会召开，吴伟峰馆长当选新一届理事会理事长。

22日，“海上新丝路　东盟万里行”纪实图片展开幕。

25日，组织召开2014年度广西博物馆党员领导干部民主生活会。

26日，举办“明清景德镇外销瓷的主要纹饰”专题讲座，主讲专家为广东省博物馆黄静研究馆员。

2015年

1月

1日，举办古风国韵新年音乐会。

1—16日，开展以“中国风·西洋韵”为主题的教育活动。

5日，入选第一批广西文化系统廉政教育基地。

9日，“丝路帆远——海上丝绸之路文物精品九省（市、区）联展”开幕。

10日，“丹青桂韵——馆藏山水画精品展”开幕。

12—15日，组织专业人员协助广西政协书画院开展书画藏品鉴选工作。

17—24日，开展以“逐梦扬帆”为主题的教育活动。

25日，铜凤灯系列文创产品入选广西旅游必购商品名录。

29日，“红袖墨韵——广西女书画名家作品展”开幕。

2月

4日，召开2014年馆领导班子及正职领导干部年度考核大会。

14—22日，开展以“中国风 · 西洋韵”为主题的教育活动。

28日，完成上网行为管理设备硬件维保及系统升级项目。

3月

5—8日，开展2015年元宵节教育活动。

7日，自治区文化厅组织召开广西博物馆改扩建项目专家咨询会。

10日，广西“三区”文化人才宣教讲解培训班在河南博物院开班。

19日，瑞士驻广州总领事博智东先生到馆参观。

24日，波兰驻广州总领事乔安娜到馆参观。

25日，获得“广西古籍保护工作先进单位”称号。

30日，举行呷绒翁都（多吉）唐卡作品捐赠仪式。

31日，6部古籍入选第三批广西珍贵古籍名录。

4月

3—6日，开展2015年清明节教育活动。

9日，《广西博物馆藏品预防性保护方案》获得国家文物局批复。

10日，馆藏文物保存环境国家文物局重点科研基地副主任、上海博物馆吴来明研究馆员率队到馆指导工作。

14日，召开广西博物馆协会第一次理事长会议，会议由理事长吴伟峰馆长主持。

15日，“丹青桂韵——馆藏花鸟画精品展”开幕。

20—21日，开展“三月三民乐展演”、“智勇双全三月三”知识闯关、“五彩缤纷三月三”手工体验、“唱响家乡三月三”进校园等活动。

27日，喜上眉梢笔筒、时尚编织手提包获2015年“深圳·金凤凰”工艺品创新设计大赛铜奖。

5月

1日，开展“花样博物馆之旅”活动。

7—8日，对马万里家属和封建勋家属拟捐赠的文物进行鉴定。

9日，广西博物馆志愿者委员会成立大会暨2014年度志愿者工作总结表彰大会召开。

13—17日，组织业务骨干赴灵山博物馆、防城区博物馆、东兴京族博物馆等地开展“三区文化人才支持项目”帮扶工作。

15日，“家和万事兴　共筑中国梦——第五届广西女性书画作品展”开幕。

18日，“翔鹭纹铜鼓特展”在贵港博物馆开幕。

18日，对广西博物馆2014年度预算执行及财务收支情况进行审计。

19日，获“2014年度全区文化系统宣传信息工作先进单位”称号。

27日，与广西财经学院共建产学研合作基地。

28日，蓝武芳获区直文化系统“十大优秀青年”称号。

6月

5日，“2015广西首届艺术设计作品双年展”开幕。

6日，开展志愿者及博物馆之友文化遗产探寻之旅活动。

8—13日，举办“我为花山申遗点赞”活动。

10—14日，陆文东副馆长率队赴防城区博物馆开展藏品整理建档等“三区”服务工作。

13日，举行“天澈遗韵——马慧先画展暨马万里画稿捐赠仪式”。

13日，举办“琴音雅韵——2015年文化遗产日古琴音乐会”。

13—14日，开展青少年历史文化主题教育活动。

20—22日，开展2015年端午节教育活动。

23日，举办“多彩印记·广西文化遗产之夜——广西少数民族织锦与服饰展演活动”。

23日—10月5日，“汉武盛世：帝国的巩固和对外交流”展在香港历史博物馆展出，展出广西博物馆西汉羽纹铜凤灯等13件文物。

30日，完成机房等电位施工及库房网络线路更新、整理，以及系统调试开通项目。

7月

6日，广西“三区”文化人才管理人员研修班在河南博物院开班。

8日，陶少艺同志调任自治区文化厅办公室副主任。

13—19日，组织业务骨干赴防城区博物馆、东兴京族博物馆开展“三区文化人才支持项目”帮扶工作。

13日—8月15日，开展“暑期欢乐营——小讲解员训练营”。

14—15日，召开广西通史陈列展内容方案设计思路专家咨询会。

15日，开展“行摄博物馆”活动。

15日，“畓山、畓水、畓人——广西壮族文化展”在苏州博物馆开幕。

17日，召开改扩建项目建议书专家评审会。

21日，赴贵港市开展“庆‘七一’，缅怀先烈”主题党日活动。

21—24日，开展“暑期欢乐营——博物馆职业体验营”。

24日，“美丽南方 · 美丽广西‘深入生活 · 扎根人民’——当代名家走进边疆壮乡美术作品邀请展”开幕。

28—31日，开展“暑期欢乐营——博物馆职业体验营”。

31日，“历史的印迹——纪念中国人民抗日战争暨世界反法西斯战争胜利70周年钱币（章）专题展”开幕。

31日，“丹青桂韵——馆藏明清人物画展”开幕。

8月

13日，“纪念抗日战争胜利70周年——唯美至上秦胜国书法艺术展”开幕。

18—22日，陆文东副馆长率队赴上思县文物管理所开展“三区文化人才支持项目”帮扶工作。

21—26日，组织业务骨干赴百色起义纪念馆、西林县博物馆开展“三区文化人才支持项目”帮扶工作。

26日，“纪念抗日战争暨世界反法西斯战争胜利70周年书画展”开幕。

9月

2日，“广西人的抗战——纪念中国人民抗日战争暨世界反法西斯战争胜利70周年展览”开幕。

2日，举办“寻找抗战记忆　致敬抗战老兵”纪念活动。

2日，举办“广西在抗日战争中的历史贡献及其现存抗战遗址介绍”讲座，主讲专家为广西社会科学院李建平教授。

5日，吴伟峰馆长受邀赴香港历史博物馆作题为“广西汉代文物与海上丝绸之路”的讲座。

8日，封建勋亲属捐赠“封建勋花鸟四条屏”。

12—13日，前往贺州市黄姚镇界塘村界塘小学开展“书香筑梦”捐赠活动。

15日，征集到民国时期的荣哀状和抗日负伤荣誉纪念章。

22—23日，组织业务骨干赴钦州市开展“三区文化人才支持项目”帮扶工作。

23日，接受南宁市民捐赠的抗战时期的学生字典、手动理发剪、铜锅各1件。

25日，“‘我的家·我的国·我的梦’——追梦中国广西故事大型图片展”开幕。

25日，与中国人民解放军75707部队共建双拥基地。

26—27日，开展2015年中秋节教育活动。

10月

1—7日，开展“最美中国红”2015年国庆节教育活动。

10日，“五彩广西——广西壮族历史文化展”在南京博物院开幕。

15日，“‘美丽南方·画说西江’贵港美术作品展览”开幕。

20日，累蹲蛙茶壶获2015年“南宁礼物”征集大赛金奖。

20日，获2015年“南宁礼物”征集大赛优秀组织奖。

22日，召开民主推荐优秀年轻后备干部大会。

22—23日，组织专家赴钦州市开展“三区文化人才支持项目”帮扶工作。

24日，“美丽南方·广西‘一带一路’耀南珠——全国美术名家走进海上丝路始发港合浦采风作品展览”开幕。

29日，开展抗战相关文物征集，征集到民国时期的荣衰状和蒙起鹏述《百年来的昆仑关》手写本。

11月

6日，自治区党委书记彭清华到自治区文化厅调研，明确表示支持广西博物馆改扩建。

14日，“珊音画影——馆藏罗宝珊书画作品展”开幕。

16日，国家文物局科技专家组成员、国家博物馆周宝中研究馆员到广西博物馆库房指导藏品保管工作。

16—19日，由北京博物馆学会、广西博物馆协会和广西博物馆联合举办的保管专业第十五届学术研讨会在南宁市召开。

25日，志愿者黎毅获“第七届中国博物馆十佳志愿者之星”提名奖。

30日，吴伟峰馆长入选广西文化名家暨“四个一批”人才。

12月

1日，自治区主席陈武在全区经济工作会议上要求加快推进广西博物馆改扩建工作。

1日，闫雪梅参与的课题《广西基本公共文化服务标准化均等化的目标和实施路径》获自治区决策咨询委员会立项。

6日，“铁军魂·中华情”图片摄影展开幕。

7日，举办全区博物馆陈列展览策划与实施培训班。

8日，与越南国家历史博物馆续签合作协议。

10日，西周夔纹提梁铜卣等一批馆藏金属文物保护修复项目通过广西文化厅组织的专家验收。

11日，“走向世界的人民币”展览开幕。

11日，成立文物保护修复中心。

12—16日，联合河南博物院专家赴百色、合浦、防城港等地开展广西“三区文化人才支持项目”帮扶工作。

17日，《广西壮族自治区博物馆可移动文物预防性保护项目实施方案》获自治区文化厅批复。

23日，召开广西文化厅直属单位正处级领导人员民主推荐大会。

23日，封雄强向广西博物馆捐赠356件（套）绘画作品和相关书籍。

24日，与广西壮族自治区烈士陵园签署相关协议，受其委托，为其仿制广西博物馆馆藏82件文物。

25日，“古韵茶香——镇江博物馆藏历代茶具精品展”开幕。

26日，广西博物馆协会“‘博物馆致力于一个可持续发展的社会’学术研讨会”召开。

28日，凤灯系列、骆越系列文创产品获广西首届博物馆文创产品大赛一等奖，三羊开泰系列、花山崖壁画系列、青花竹节系列、笔筒系列文创产品获二等奖。

30日，举办“非物质文化遗产保护中需要解决的三大问题”专题讲座，主讲专家为中国艺术研究院苑利研究员。

2016年

1月

2日，“郁苍其盛，隽秀如林——馆藏桂东南文物精品展”在玉林市博物馆开展。

5日，召开2015年度领导班子与党政正职领导年度考核大会。

6日，中国科学院朱清时院士一行5人到馆参观。

12日，姚嘉康向广西博物馆无偿捐赠20世纪80年代《广西革命斗争故事》连环画套书共18册。

13日，与广西师范大学历史文化与旅游学院签署教育人才培养及资源开发合作意向书。

14日，韦江同志调任广西图书馆馆长。

14日，召开“三严三实”专题教育民主生活会。

16日，“丹青桂韵——馆藏明清书法精品展”开幕。

17日，越南胡志明博物馆阮翠德馆长一行4人到馆访问交流。

17日，获得自治区文化厅2014年度财务决算先进单位表彰。

20日，召开改扩建项目建议书方案修改评审会。

24日，自治区第十二届人民代表大会第五次会议开幕，广西博物馆改扩建工作被列入自治区政府工作报告。

26日，召开黄旭初手稿等文物征集鉴选会。

28日，“瓯山、瓯水、瓯人——广西壮族历史文化展”在广东省博物馆开幕。

31日，举办“八桂史话”系列讲座之“广西茶马古道漫谈”，主讲专家为吴伟峰馆长。

2月

5日，被评为“自治区卫生先进单位”。

14日，召开改扩建工作专项会议，成立改扩建工作领导小组。

18日，自治区党委常委、宣传部部长黄道伟到馆开展改扩建项目调研。

22日，被评为“2015年度区直文化系统优秀单位”。

26日，接受自治区文化厅对2013年1月至2015年11月以来财务管理工作情况的检查。

26日，召开2015年度总结大会。

3月

4日，“穆穆曾侯——湖北郭家庙擂鼓墩出土文物特展”开幕。

4日，与湖北省博物馆签署战略合作协议。

4日，举办“考古发现揭示的曾国历史”讲座，主讲专家为湖北省博物馆馆长、湖北省文物考古研究所所长方勤。

14日，信息资料部更名为“信息资料中心”，成立文化创意产业研究中心，撤销民族文物苑管理部。

22日，吴伟峰馆长赴国家文物局汇报改扩建项目进展情况。

25日—4月7日，先后前往南宁市民乐路小学、安宁路小学、滨湖路小学等9所小学开展“唱响家乡三月三”主题课堂活动。

27日，举办“八桂史话”系列讲座之“物说广西历史文化”，主讲专家为广西图书馆馆长、广西博物馆协会副理事长韦江研究馆员。

30日—4月5日，先后前往南宁市越秀路小学、安宁路小学、中山路小学开展“中华传统节日——清明”主题课堂活动。

4月

1日，闫雪梅参与的省部级课题《广西基本公共文化服务标准化均等化的目标和实施路径》结项。

9日，举办“文化广西新视野”第一期讲座“壮族三月三的前世今生”，主讲专家为广西民族大学文化遗产研究中心主任廖明君。

10日，经辉同志赴贺州市昭平县黄姚镇凤立村担任精准扶贫工作队员。

14日，广西“三区”文化人才宣教讲解培训班在河南博物院开班。

27日，花山系列文创产品获“深圳·金凤凰”工艺品创新设计大赛金奖，福蛙个性杯获银奖，青铜迷你花瓶获铜奖。

5月

6日，萧潇获2016年全国科普讲解大赛广西选拔赛二等奖。

14—18日，开展“文化遗产周周学”系列活动。

18日，举办“文化遗产周周学”馆外公益项目签约仪式。

18日，第一次可移动文物普查工作共登记入藏31758件（套）文物。

18日，“清玩雅韵——馆藏古代文房器物展”开幕。

18日，推出第1期《馆长说宝》微视频。

18日—6月12日，举办“我看博物馆”青少年摄影比赛五周年回顾展。

18日—6月18日，向社会公开征集以广西博物馆景观为主题的手绘明信片作品。

18日—6月18日，向社会公开征集“我与广西博物馆”主题摄影作品。

24—28日，举办2016全国博物馆安全技术与管理培训班。

28日，萧潇获2016年全国科普讲解大赛优秀奖。

6月

1日，举办广西博物馆OA系统培训班。

4日，到南宁市少年儿童图书馆开展“瓯骆学堂之端午话传统”主题活动。

6—8日，先后前往南宁市逸夫小学、民主路小学、民乐路小学等5所小学开展“中华传统节日——端午”主题课堂活动。

9日，开展“中华传统节日——端午”系列公众活动。

11日，开展2016年中国文化遗产日之“非遗小匠人”活动。

11日，“2016美丽广西·广西古民居古建筑摄影大赛”启动。

13日，召开全国少数民族古籍工作业务会。

13日，“民族遗珍 书香中国——中国少数民族古籍珍品暨保护成果展”开幕。

15日，举办“纪念建党95周年 永远跟党走”主题演讲比赛。

22日，凤灯时尚藤编手提包荣获全国文博单位文化创意产品联展“最受欢迎文创产品奖”。

25日，“瓯骆印象——广西百越文化文物精品展”在镇江博物馆开幕。

25日，推出第2期《馆长说宝》微视频。

26日，老挝社会科学院文化研究所宋森·赛雅翁所长一行13人到馆交流。

7月

6日，以“传承技艺 唤醒记忆”为主题的文化技能扶贫暨广西民族传统织绣培训计划在黄姚古镇正式启动。

8日，邀请自治区党校党史党建教研部覃翠生教授到馆讲授“两学一做”专题党课。

11—16日，李东鋆获2016年广西爱国主义教育基地管理人员和讲解员提升综合能力专题培训班讲解员测试比赛一等奖。

12日，罗征同志任中共广西博物馆总支部委员会书记，梁林同志任广西博物馆副督导员（副处级），周敏同志调任中共广西自然博物馆党支部书记。

12日，在南宁市青少年活动中心开展“瓯骆学堂之八桂溯源”主题课堂。

15日，黄怡获区直文化系统“永远跟党走”庆祝中国共产党成立95周年演讲比赛二等奖。

16日，“弘道养心——陆远怀书法作品展”开幕。

19日，在南宁市青少年活动中心开展“瓯骆学堂之悠远的声音”主题课堂。

19—23日，开展“暑期欢乐营——‘非遗’研习营之坭兴陶班”。

26日，在南宁市青少年活动中心开展“瓯骆学堂之神秘的青铜器”主题课堂。

26—30日，参与“对话与交流——中国丝绸之路沿线十三省区市文物精品展”布展。

27日，召开广西博物馆副处级干部民主推荐大会。

28日，接待英国剑桥大学李约瑟研究所东亚科学史图书馆馆长莫弗特先生。

29日，召开广西通史陈列内容设计方案专家意见会。

8月

2—7日，开展“暑期欢乐营——‘非遗’研习营之民族织绣班”。

6日，在南宁市青少年活动中心开展“瓯骆学堂之探秘博物馆”主题课堂。

9日，吴伟峰馆长一行深入责任帮扶点贺州市昭平县黄姚镇凤立村，对已进行的脱贫帮扶项目开展调研。

10日，“撷英集珍　民间典藏——马万里书画精品展”开幕。

11日，完成馆藏90余部古籍书影在“全国古籍普查平台”的上传工作。

16—20日，开展“暑期欢乐营——职业体验营”。

23日，广西博物馆改扩建项目获自治区发展改革委立项批复。

9月

2日，“书道圭臬——中原巨碑名志拓片展”开幕。

2日，举行封雄强绘画作品捐赠仪式。

12—14日，先后前往南宁市逸夫小学、天桃实验学校、滨湖路小学等5所小学开展“中华传统节日——中秋节”主题课堂活动。

15日，获评2016首届云南文化产业博览会“优秀参展单位”。

15日，推出第3期《馆长说宝》微视频。

17日，黄璐获评“2016年度中国博物馆协会优秀通讯员”。

18日，参与主办的“茶马古道——西部八省区文物联展”在四川博物院开幕。

22—23日，广西博物馆组织离退休老干部赴靖西开展重阳节前夕主题活动。

26日，获第七届中国博物馆及相关产品与技术博览会最佳展示奖。

26日，赴南宁市青秀区长塘镇中心学校、南阳镇中心学校开展“瓯骆学堂之多彩的拓印”“瓯骆学堂之有趣的汉字”“瓯骆学堂之华美的汉服”等主题课堂。

29日，自治区工程咨询中心组织召开广西博物馆改扩建项目可行性研究报告评估会。

10月

14日，推出第4期《馆长说宝》微视频。

20日，由广西博物馆和南宁博物馆联合主办的“这里的石头会说话——石质文物精品展”在南宁博物馆开幕。

21日，“浴火重生——红军长征过桂北特别展览”开幕。

22日，在南宁市青少年活动中心开展“瓯骆学堂之云想衣裳”主题课堂。

24日，国家文物局评定广西博物馆为全区涉案文物鉴定评估机构。

29日，在南宁市青少年活动中心开展“瓯骆学堂之食为民天”主题课堂。

11月

6日，在南宁市青少年活动中心开展“瓯骆学堂之和谐之美”主题课堂。

9日，获评全国首批公共文化设施开展学雷锋志愿服务示范单位。

9日，派专业人员对贺州博物馆征集的文物进行鉴定。

12日，在南宁市青少年活动中心开展“瓯骆学堂之穿越古今话交通”主题课堂。

19日，在南宁市青少年活动中心开展“瓯骆学堂之探秘博物馆”主题课堂。

20日，结合展览内容开展“长征精神伴我行”主题活动。

12月

2日，“中国2016亚洲国际集邮展览”在南宁国际会展中心开幕，中国邮政于展会上发行图案为广西博物馆馆藏国家一级文物西汉羽纹铜凤灯的小型张，这是广西出土的文物首次以邮票形式面世。

4日，“绣里八桂——文化技能扶贫暨广西民族传统织绣培训计划学员作品展”开幕。

7日，荣获第十六批“自治区文明单位”称号。

23日，“畓山、畓水、畓人——广西壮族历史文化展”在辽宁省博物馆开幕。

23日，中共广西壮族自治区博物馆总支部委员会顺利完成换届选举。

25日，花山系列文创产品获第二届广州国际文物博物馆及版权交易博览会“十大最佳文博人气奖”。

26日，骆越系列文创产品、累蹲蛙壶获广西文化创意产品设计大赛“优秀创意奖”。

30日，获得自治区文化厅2015年度财务决算先进单位表彰。

2016年度，完成全国第一次可移动文物普查工作。

2017年

1月

5日，“小桂花”志愿者团队入选文化部优秀文化志愿服务团队，“关爱农民工子女”历史文化志愿服务活动入选“基层文化志愿服务活动典型案例”。

17日，馆领导春节前走访慰问离退休干部。

20日，召开2016年度领导班子及处级以上干部民主生活会。

20日，“印象广西——2016广西文化创意产品设计大赛获奖作品展”开幕。

22日，“巨匠丹青——广西博物馆藏齐白石、黄宾虹、徐悲鸿、张大千精品画展”在玉林市博物馆开幕。

25日，推出第5期《馆长说宝》微视频。

28日—2月2日，开展“中华传统节日——春节”公众活动。

2月

11日，开展“中华传统节日——元宵”公众活动。

14日，被评为“2016年度文化厅直属单位先进集体”。

21日，制定并执行《广西壮族自治区博物馆关于涉案文物鉴定的操作流程》以及《广西壮族自治区博物馆关于涉案文物的鉴定意见书》。

27日，广西“三区”宣教讲解培训班在河南博物院开班。

28日，举办“文博讲堂”第一期“漫谈博物馆”，主讲专家为吴伟峰馆长。

3月

1—18日，开展“讲广西故事　展志愿风采——广西博物馆志愿者十佳讲解案例评选活动”。

1—18日，开展“书籍献爱心　课堂进校园”爱心捐赠书籍活动，并将捐赠的书籍送到希望工程学校的孩子们手中。

3日—7月16日，西汉羽纹铜凤灯等14件（套）文物赴美国大都会艺术博物馆参展“秦汉文明展”。

5日，举行“与长征精神同行”征文比赛颁奖仪式。

6日，召开党总支会议暨2017年第一季度理论学习会。

12日，为弘扬雷锋精神，组织志愿者们开展“爱满植树节　绿城添新意”植树活动。

15日，熊昭明同志任广西博物馆副馆长，唐剑玲同志任中共广西博物馆总支部委员会副书记。

19日，完成网站防篡改、防入侵安全措施和上网行为管理设备硬件维保及系统升级3个网络安全项目。

21—22日，先后前往南宁市民族大道中段小学、长堽小学、天桃实验学校开展“中华传统节日——清明”主题课堂活动。

21—29日，先后前往自治区党委机关保育院、南宁市桂雅路小学、南宁市秀田小学等10所幼儿园及小学开展“唱响家乡三月三”主题课堂活动。

22日，与广西大学行健文理学院共建教学实习基地。

23日，召开2016年度领导班子和领导干部年度考核测评会。

27日—4月1日，开展“中华传统节日——清明”公众活动。

29日，“桂花与壮太——壮锦太鲁阁锦历史文化展”开幕。

31日，参与主办的“茶马古道——西部八省区文物联展”在辽宁省博物馆开幕。

3月，修订并执行《广西壮族自治区博物馆文物管理办法》。

4月

7日，可通过OA系统在PC端及手机等移动设备上办理各类办公事项。

11日，将铜凤灯介绍、活字印刷体验等活动带进南宁市第二中学科技节。

20日，获2017中国—东盟博览会文化展“文化创新奖”。

25日，推出第6期《馆长说宝》微视频。

25日，骆越系列文创产品获中国（义乌）文化产品交易会工艺美术奖银奖。

26日，梅兰竹菊陶瓷小音箱获2017年“深圳·金凤凰”工艺品创新设计大赛铜奖，寿龟墨盒获优秀奖。

5月

16日，志愿者杨诗雨在“中国故事——全国博物馆优秀讲解案例展示推介活动”中荣获“优秀讲解员”称号。

22日，举办“文博讲堂”第二期“话说汉代海上丝绸之路”，主讲专家为熊昭明副馆长。

24—27日，先后前往南宁市天桃实验学校、红星小学、星湖小学等4所小学开展“中华传统节日——端午”主题课堂活动。

28—30日，开展“中华传统节日——端午”公众活动。

6月

1日，完成OA系统升级。

10日，“这里的石头会说话——石质文物精品展”在玉林市博物馆开幕。

10日，黄怡在“2017年全国科普讲解大赛”中获优秀奖。

10日，组织举办“文化和自然遗产日”民间收藏品鉴赏活动。

10日，推出第7期《馆长说宝》微视频。

20日，向黄旭初之子黄永良征集黄旭初手稿等14件资料。

21日，广西民族传统织绣培训计划之壮锦培训班在广西龙州开班。

26日，侯建玲向广西博物馆捐赠1幅抗日战争英雄邬克亮画像。

28日，来自中山大学社会学与人类学学院、澳大利亚国立大学考古学与人类学学院和英国阿伯丁大学考古学专业的7位专家学者到馆交流。

28日，钦州工艺美术师刘俭等向广西博物馆捐赠3件坭兴陶。

30日，陈紫茹参与的课题《左江花山岩画与相关考古遗存的关联性研究》获国家社科基金西部项目立项。

30日，广西博物馆党总支部被评为“2016—2017年度区直文化系统先进基层党组织”。

7月

1日，开展古今中外话交通“关爱农民工子女、特殊儿童”公益志愿服务活动。

1日，闫雪梅主持的课题《“互联网+”背景下博物馆文化创意产业创新发展研究》获自治区哲学社会科学研究课题立项。

3日，“黑旗军魂——民族英雄刘永福生平事迹展”开幕。

6日，组织党员赴合浦开展“七一”主题党日活动。

11日，改扩建项目可行性研究报告获自治区发展改革委批复。

17日，完成广西博物馆智慧化建设方案设计。

18—22日，开展“物说广西历史文化”体验活动。

21日，连美惠向广西博物馆捐赠1幅壮太锦。

25日，钦州工艺美术师李燕等向广西博物馆捐赠1件坭兴陶摆件。

25日，“民族遗珍　书香中国——中国少数民族古籍珍品暨保护成果展”在国家博物馆开幕。

28日，参与主办的“茶马古道——八省区文物联展”在河北博物院开幕。

31日—8月5日，开展博物馆体验营活动。

8月

1日，陆文东副馆长参与的课题《广西玉林地区古代高锰渣生铁冶炼技术研究》获国家自然科学基金项目立项。

2日，召开广西历史文化研究中心建设推进会议。

7日，赴广西海警二支队开展双拥慰问活动。

14—18日，开展“跟着博物馆游广西”优秀红领巾志愿者专场活动。

15—19日，开展“物说广西非遗文化”非物质文化遗产体验活动。

16日，党总支组织开展专题党课学习。

20—26日，赴美国哈佛大学艺术博物馆参加国际博协安全委员会年会。

22日，周建虎、周元元捐赠周策横书法作品共21幅。

9月

6日，国家文物局博物馆与社会文物司副司长罗静率队到馆进行馆藏文物安全状况大排查实地督查。

15日—10月31日，馆藏“蓝瑛、孙杕山水花鸟册”在浙江省博物馆举办的“湖上有奇峰——蓝瑛作品及其师承影响特展”展出。

17日，由文化部、国家文物局主办，中国国家博物馆、中国文物交流中心承办的“秦汉文明”展在国家博物馆开幕，广西博物馆的文物参展。

19日—11月15日，馆藏“徐悲鸿双鹤图页”等10件（套）文物在宁夏博物馆举办的中国近现代书画名家作品系列展览之“彩墨天成——徐悲鸿书画作品展”展出。

25—29日，先后前往自治区党委机关保育院、南宁市天桃实验学校、南宁市凤翔路小学等7所幼儿园及小学开展“中华传统节日——中秋”主题课堂活动。

25日—10月4日，开展“中华传统节日——中秋”公众活动。

29日，入选首批自治区级文化创意产品开发示范基地。

10月

1—7日，开展“话团圆·颂和谐——国庆”主题活动。

10日，广西“三区”人才宣传教育培训班在西安开班。

16日，黄嵩和的摄影作品《白头叶猴自然史》获2017美国《国家地理》全球摄影大赛中国赛区图片故事类三等奖。

18日，组织广大党员收看党的十九大开幕会。

23—27日，先后前往广西区直文化系统幼儿园和南宁市越秀路小学、红星小学、卫国路小学等8所幼儿园及小学开展“中华传统节日——重阳”主题课堂活动。

26日，苏静向广西博物馆捐赠2件近现代资料。

30日，获第十一届合肥国际文化博览会优秀团体奖。

11月

1日，“万里遗风——马家三代书画精品展”开幕。

1日，陆文东副馆长参与的课题《中国—东南亚铜鼓数字化记录与研究》获国家社科基金重大项目立项。

3日，举办深入学习宣传贯彻党的十九大精神专题党课，党总支书记罗征以“聚焦十九大　深入学习贯彻党的十九大精神”为主题作了专题讲座。

7日，《广西壮族自治区博物馆馆藏浮雕饰大铜钟保护修复项目》通过专家评审，顺利完成结项。

8日，《西汉羊角钮铜钟等一批馆藏铜质文物保护修复项目》《梧州市博物馆馆藏青铜文物保护修复项目》通过专家评审，顺利完成结项。

9日，《广西壮族自治区博物馆馆藏书画修复保护项目》通过专家评审，顺利完成结项。

9日，向封雄强家属征集封雄强绘画作品共245件。

10日，举办“文博讲堂”第三期“期刊编辑视野中的论文写作与投稿”，主讲专家为广西民族文化艺术研究院副院长、《民族艺术》杂志主编许晓明。

10日，黄嵩和的摄影作品《海上森林——红树林》组照入选第26届全国摄影艺术展览。

15日，自治区文化厅批复广西博物馆设立广西古代海上丝绸之路研究中心。

16日，开展“文化拥军　历史共享”博物馆进军营活动。

26日，广西“三区”人才文物保管鉴定专业技能提升班在云南省博物馆开班。

30日，《博物馆文化创意产品开发现状及优化策略调研报告》等4项自治区文化厅调研课题结项。

12月

4日，改扩建项目工程总承包招标。

4日，潘汁同志任广西博物馆副馆长，闫雪梅同志调任广西民族文化艺术研究院副院长。

5日，赴贺州市黄姚镇凤立小学、白山小学、新寨小学开展“书香筑梦”手拉手活动。

10日，广西“三区”人才博物馆陈列展览培训班在防城港开班。

11日，《广西博物馆可移动文物预防性保护项目》通过自治区文化厅组织的专家验收评审，顺利完成结项。

12日，举办深入学习宣传贯彻党的十九大精神专题党课。

16日，与广西电台小主播、FM970女主播电台共建青少年传统文化研习基地。

16—18日，赴金秀瑶族博物馆开展“三区”人才支持计划文化工作者专项帮扶工作。

20日，向黄旭初之子黄永良征集其收藏的银高脚杯及一批地契资料共17件（套）。

21日，赵晋凯同志任中共广西博物馆总支部委员会书记，罗征同志调任中共广西艺术学校总支部委员会书记。

22日，获得自治区文化厅2016年度财务决算报表和2017年度预算报表先进单位通报表扬。

25日，珐琅彩百花纹晚装包获第三届广州国际文物博物馆及版权交易博览会十大最佳文博人气奖。

25日，通过自治区文化厅对广西博物馆会计基础工作规范考核验收。

29日，“桂花与壮太——壮锦与太鲁阁锦历史文化展”在云南省博物馆开幕。

12月，修订并执行《广西壮族自治区博物馆文物保护修复管理办法》。

2018年

1月

1日，推出广西非遗美食展示馆揭牌仪式、“品味广西：八桂油茶香”、“文化遗产周周学”之“钱”来“钱”旺、“油茶飘香”迎新年等元旦系列活动。

5日，“广西财经学院2018年毕业学生作品展”开幕。

5日，召开2017年度领导班子和领导干部年度考核测评会。

11日，熊昭明副馆长主持的国家社科基金一般项目《汉代海上丝绸之路合浦港的考古学研究》通过结项验收，成果被评为“优良”。

13日，“翰墨情怀　弘扬国粹——中国书法家陈靖康书法展”开幕。

20日，壮太系列文创产品荣获2017年“南宁礼物”征集大赛优秀奖。

23日，中共广西壮族自治区博物馆总支部委员会顺利完成换届选举。

27日，“澄怀观道——广西博物馆藏清代山水画展”在玉林市博物馆开幕。

29日，召开2017年度领导班子及处级以上干部民主生活会。

2月

2日，馆长吴伟峰、副馆长陆文东、副督导员梁林等一行8人赴责任帮扶点凤立村开展扶贫新春慰问。

2日—3月11日，福建博物院向广西博物馆借展3件（套）黄道周书画，并开展“黄道周书法艺术作品展”。

3日，举办“迎新春古琴雅集”活动。

5—10日，寒假“职业体验营”开营。

6日，举行桂籍艺术家罗氏兄弟大型雕塑《年年有余》揭幕仪式。

9日，“南宁市第十六届教育系统师生迎春艺术作品展”开幕。

9日，《广西壮族自治区博物馆馆藏合浦汉墓出土金属文物保护修复项目》通过专家评审，顺利完成结项。

10—18日，广西博物馆携文创产品应邀参加驻泰中国大使馆春节系列活动。

13—14日，开展“瓯骆学堂”寒假特辑活动之“物说广西历史文化”和“‘一带一路’与广西文物”。

16—21日，开展“欢乐年　幸福家”迎新春系列文化活动。

25日，“不忘初心　共庆华诞——桂籍艺术家罗氏兄弟庆祝广西壮族自治区成立60周年艺术作品展”开幕。罗氏兄弟捐赠1幅油画。

27日，“生灵其境——黄嵩和广西自然摄影展”开幕。

27—28日，开展2场“跟着博物馆游广西”之“我的城我的家”主题研学之旅活动。

28日，党总支开展“呵护生态　你我有责”主题党日活动。

3月

2日，开展“喜迎元宵”专场活动。

3日，开展“跟着博物馆游广西”之“我的城我的家”主题研学之旅活动。

5日，参加南宁市第六职业技术学校仙葫校区“传承千年铜鼓文化　打造八桂职教品牌”主题活动，并在活动中向全校师生介绍广西铜鼓文化。

5日，到南宁市滨湖路小学参加2018年春季学期开学典礼，向全校师生宣传广西博物馆小志愿者的风采。

5日，参加南宁市总工会开展的学雷锋日活动。参加“授旗仪式”并开展文物宣传活动。

9日，在南宁市江南区亭江路南城百货前广场开展文物宣传进社区活动。

10日，南宁市天桃实验学校初中部20余名学生到馆开展学雷锋活动。

16日，杨达毅同志赴凤立村担任第一书记。

17日，广西电视台到馆拍摄自治区成立60周年大庆宣传片《相约广西》。

17日，广西大学青年志愿者协会20余名学生到馆开展学雷锋活动。

25日，广西“三区”文化人才宣教讲解培训班在河南博物院开班。

26日，举办西南博物馆联盟暨广西“三区”人才支持计划博物馆文化创意人才培养研修班。

30日，赴南宁市天桃实验学校嘉和城校区开展“快乐中国节之清明”主题课堂活动。

31日，南宁市天桃实验学校学生和家长到馆参加“瓷器上的春天”主题亲子活动。

4月

2日，赴南宁市越秀路小学开展“快乐中国节之清明”主题课堂活动。

2日，举办“中国情怀：秦汉文明与中外交通”讲座，主讲专家为四川大学孙志新教授。

3日，赴南宁市星湖小学、天桃实验学校开展“快乐中国节之清明”主题课堂活动。

3日，参与主办的“茶马古道——八省区文物联展”在宁波博物馆开幕。

5日，“大师笔下的广西——广西博物馆藏广西风物画展”开幕。

9—16日，开展“唱响家乡三月三”主题课堂进校园活动。

15日，陆干斌向广西博物馆捐赠7件象州出土文物。

16日，与合浦县申遗中心联合承办的“跨地区跨国界的多维对话：汉代海上丝绸之路学术研讨会”在合浦召开。

18日，举办桂台少数民族音乐会，邀请广西和台湾两地民族表演艺术家共同为公众表演。

18日，开设桂台传统美食长廊。

18日，邀请广西和台湾两地民族文化学者举办桂台织锦文化沙龙。

18—20日，开展“跟着博物馆游广西”之“三月三”研学之旅。

19—22日，开展“文化遗产周周学”之“三月三”特辑主题亲子手工活动。

20日，珐琅彩百花纹系列文创产品荣获2018年“深圳·金凤凰”工艺品创新设计大赛铜奖。

26日，荣获第13届中国（义乌）文化产品交易会“特色文化创意奖”。

26日，馆藏文物亮相中国（海南）南海博物馆开馆仪式。

5月

11日，韦露莎获2018年全国科普讲解大赛广西选拔赛一等奖。

12日，开展博物馆文化“进校园、进社区”活动，第一站走进南宁市台湾街社区。

14日，坭兴陶铜鼓纹茶盘荣获“中国工艺美术文化创意奖”铜奖。

16日，“这里的石头会说话——石质文物精品展”在防城港市博物馆开幕。

17日，由自治区文化厅主办，广西博物馆等多家文博机构联合承办的“心仪广西　六十国宝——广西壮族自治区成立60周年文物博物馆事业成果展”在南宁博物馆开幕。

18日，推出第8期《馆长说宝》微视频。

18日，博物馆文化“进校园、进社区”活动走进南宁市民主路小学、中山路小学。

18日，在南宁市明天学校开展“爱满博物馆”公益活动，邀请孤儿学生参加教育体验活动。

18—20日，开展法律法规宣传活动，制作《博物馆条例》《中华人民共和国公共文化服务保障法》等法律法规的海报、宣传资料等，并通过微博、微信等平台与公众互动。

19日，开展“跟着博物馆游广西”之“我的城我的家”主题研学之旅活动。

19—20日，开展“文化遗产周周学”国际博物馆日特别活动。

24日，为实施改扩建项目，闭馆。

6月

2日，开展“跟着博物馆游广西”之“我的城我的家”主题研学之旅活动。

3日，在南宁博物馆开展“如果国宝会说话”主题活动。

5日，举办“岭南和海上丝绸之路的起源”学术讲座，主讲专家为美国宾夕法尼亚印第安纳大学人类学系安赋诗教授。

7日，党总支组织开展“党团携手共建　共赏非遗经典”主题党日活动，组织馆内党员和共青团员观摩学习非物质文化遗产剧目《桂林有戏》。

8日，举行周策横书法作品捐赠仪式。

8日，“丹青桂韵——广西近代美术教育名家作品展”在桂林博物馆开幕。

8—9日，博物馆文化“进校园、进社区”活动走进南宁市天桃实验学校、裕丰英伦小区。

9日，开展“跟着博物馆游广西”之“我的城我的家”主题研学之旅活动。

9日，“绣里八桂”主题活动在传统工艺展示馆开展。

9日，推出第9期《馆长说宝》微视频。

11—15日，在南宁市天桃实验学校翠竹校区、广西区直文化系统幼儿园、广西大学第一幼儿园开展端午主题课堂。

11—18日，开展“中华传统节日——端午”系列活动。

13日，与广西金融职业技术学院共建爱国主义教育基地。

17—19日，开展“跟着博物馆游广西”之“红色之旅　爱心同行”主题研学之旅活动。

18日，与广西电视台新闻频道联合主办的“粽王争霸·粽享幸福”端午节活动，在中央电视台中文国际频道《传奇中国节》节目播出。

20日，陈紫茹参与的课题《清代西南边境管理研究》获国家社科基金西部项目立项。

21日，举行改扩建项目工程总承包（EPC）合同签约仪式。

21日，蓝韶昱主持的课题《广西作为“一带一路”有机衔接重要门户的考古学研究》获国家社科基金西部项目立项。

23日，韦露莎获2018年全国科普讲解大赛优秀奖。

26—31日，开展“跟着博物馆游广西”之“侦探‘穿越之旅’”主题研学之旅活动。

27日，召开2018年党的工作暨党风廉政建设工作会议。

7月

1日，赴南宁市邕宁区七色光青少年社会事务服务中心开展“传承红色基因，争做时代新人”主题教育活动。

4日，赴广西革命纪念馆开展庆祝中国共产党成立97周年暨“七一”主题党日活动。

13日，参加广西自然科学博物馆协会举办的暑期联展活动。

15日，“心仪广西　六十国宝——广西壮族自治区成立60周年文物博物馆事业成果展”在桂林博物馆开幕。

16日、23日、30日，开展“文化遗产周周学”之“巧饰梅瓶”手工活动。

18日、25日，在南宁市邕宁区七色光青少年社会事务服务中心开展“瓯骆学堂”暑期特辑主题课堂活动。

19—21日，潘汁副馆长一行5人为责任帮扶点凤立村带去睡莲种植扶贫项目。

22—27日，开展“跟着博物馆游广西”之“寻找消失的南越国”主题研学之旅活动。

28日，在南宁市新梦之岛百货玛卡儿童城开展“文化遗产周周学”亲子专场活动。

29日，自治区文化厅党组成员、副厅长谢日万和凤立村代表共同为凤立村桂绣坊揭牌。

8月

2日，党总支组织召开2017—2018年度党支部工作交流会。

10日，“心仪广西　六十国宝——广西壮族自治区成立60周年文物博物馆事业成果展”在梧州市博物馆开幕。

15日，凤立村桂绣坊首批学员结业。

20日，创意空间入选2018年度“文化产业双创扶持计划”支持名单。

9月

2日，广西“三区”人才古陶瓷修复培训班开班。

5日，“心仪广西　六十国宝——广西壮族自治区成立60周年文物博物馆事业成果展”在玉林市博物馆开幕。

6日，修订并执行《广西壮族自治区博物馆涉案文物鉴定评估报告》。

6日、13日、20日，开展“文化遗产周周学”非遗美食手工活动。

11日，在南宁市新梦之岛百货玛卡儿童城开展“文化遗产周周学”亲子专场活动。

14—18日，开展“跟着博物馆游广西”活动。

22日，到南宁市民主路小学开展“文化遗产周周学”之中韩小学生文化交流活动。

22—28日，开展“跟着博物馆游广西”之“行走两广，寻找消失的南越国”研学活动。

28日，获评第13届中国—东盟文化论坛“创意点亮生活”文创产品展示优秀参展单位。

29日，前往黄姚镇凤立村小学开展“传承红色基因　争做时代新人”手拉手爱心公益活动。

29日，联合西南博物馆联盟成员及相关单位共同举办的大型展览“盛筵——见证《史记》中的大西南”在重庆中国三峡博物馆开幕。

10月

12日，在南宁老年大学开展重阳敬老志愿者服务活动。

12日，在南宁市凤翔路小学开展“不忘初心、牢记使命”2018年广西红色旅游进校园试点和新时代爱国主义教育活动主题课。

16日，开展“中华传统节日——重阳”公众互动活动。

17日，组织开展扶贫捐款活动，干部职工踊跃捐款，捐款人数达97人，捐款金额合计10130元。

27日，博物馆文化“进校园、进社区”活动走进南宁市翠湖新城。

31日，召开广西博物馆工会第三届委员会换届选举会议，选举产生新一届工会委员、经费审查委员会委员和女职工委员会委员。

31日，江苏工艺美术师周海英捐赠1件紫砂壶。

11月

2日，与广西自然博物馆联合举办“传承爱国主义，弘扬民族文化”道德讲堂。

6日，熊昭明副馆长主持的课题《汉代海上丝绸之路的考古学研究》获国家社科基金重点项目立项。

10日，举办“关爱农民工子女”历史文化志愿服务项目志愿者培训暨2018年文博志愿服务知识培训班。

15—22日，参加在泰国首都曼谷举办的第六十五届泰王国外交使团文化展会。

18日，吴伟峰馆长主持的广西哲学社会科学研究课题《广西织锦研究》结项。

26日，获第八届中国博物馆及相关产品与技术博览会最佳展示奖。

28日，赴马山县古零镇杨圩小学开展“关爱农民工子女”历史文化志愿活动。

30日，参加广西自然科学博物馆协会在南宁市云景路小学开展的科技周活动。

30日，召开2018年度全馆大会。

12月

2日，召开《合浦汉墓综合研究》《合浦汉墓群与汉代城址的时空关系研究》课题结项评审及座谈会。

4日，到广西区直机关第二幼儿园开展庆祝广西壮族自治区成立60周年主题教育活动。

13日，自治区文化和旅游厅党组成员、自治区纪委监委驻自治区文化和旅游厅纪检监察组组长朱胜勇率队一行3人到广西博物馆调研座谈。

15日，在南宁市新梦之岛百货玛卡儿童城开展“文化遗产周周学”之亲子互动活动。

15日，《全区博物馆开展中小学研学实践活动的现状及前景调研》《广西综合性历史艺术类博物馆儿童专题陈列探索》2项自治区文化和旅游厅调研课题结项。

18日，组织党员干部职工收看庆祝改革开放40周年大会。

19日，“不负嘱托　感恩奋进　共庆自治区成立60周年”道德讲堂成功举办。

21日，赴钦州市第二中学参加由广西自然科学博物馆协会主办的科技文化月活动。

26日，党总支组织开展改革开放40周年专题党课并召开第四季度党员大会。

28日，珐琅彩百花纹系列文创产品获2018年广西文化创意产品设计大赛一等奖，花山系列文创产品获三等奖及最佳人气奖。

29日，由自治区文化和旅游厅、广西博物馆、广西织绣发展研究会共同开展的“桂绣坊2018年培训班成果验收暨桂绣作品评比”活动在凤立村桂绣坊举行。

30日，开展“跟着博物馆游广西”之“我的城我的家”研学之旅活动。

31日，获得自治区文化和旅游厅2017年度财务决算和2018年度预算编报先进单位通报表扬。

2019年

1月

8日，赴南宁市中山路小学开展“我们的中国梦——文化进万家”系列活动。

10日，赴田阳、巴马开展全国文化科技卫生“三下乡”集中示范活动暨广西博物馆新春走基层文化惠民活动。

15日，党总支召开2018年度党支部书记述职会暨2019年上半年党支部工作经验交流会。

18日，结合“文化遗产周周学”开展“我们的中国梦——文化进万家”系列活动。

18日，改扩建项目举行开工奠基仪式。自治区文化和旅游厅党组书记、厅长甘霖，副厅长谢日万，以及自治区发展改革委、自治区住房和城乡建设厅等有关领导出席仪式。

23日，联合西南博物馆联盟成员及相关单位共同举办的“王的盛宴——见证《史记》中的大西南”展在贵州省博物馆开幕。

25日，召开2018年度党员领导干部民主生活会。

30日，馆领导春节前走访慰问老专家老干部。

2月

1日，推出第10期《馆长说宝》微视频。

8日，推出“文化遗产周周学”元宵节主题线上课堂。

11日，自治区文化和旅游厅领导到馆看望慰问干部职工。

12日，自治区文化和旅游厅党组书记、厅长甘霖率队到馆调研座谈。

17日—3月6日，推出“瓯骆学堂云课堂：听·说海丝路上的中国宝藏”广西篇第一期至第九期。

19日，开展“跟着博物馆游广西——寻找老南宁的故事”活动。

28日，入选2018年学雷锋志愿服务“四个100”榜单，“小桂花”志愿者团队获“最佳志愿服务组织”称号。

3月

1日，开展“不忘初心　铭记历史”主题党日活动。

5日，开展“学雷锋·行善立德·志愿服务满绿城”活动。

5日，开展“关爱农民工子女”学雷锋日主题研学游活动。

5日—9月10日，推出16期“小桂花之声”志愿者音频线上讲解。

6日，召开2018年度领导班子和领导干部年度考核测评会。

10日，举办“穿越古今　寻梦海丝——2019年国际天文馆日”广西会场活动。

10—20日，推出6期“瓯骆学堂云课堂：瓯骆人的衣食住行”主题课程。

14日，参加南宁市第二中学初中部科技节活动暨广西博物馆历史文化志愿活动。

14日，赴龙州、隆安等地4所小学开展“关爱农民工子女”历史文化进校园活动。

23日—4月10日，推出9期“瓯骆学堂云课堂：舌尖上的非遗”主题课程。

24日，广西“三区”文化人才宣教讲解培训班在河南博物院开班。

26日，走进广西区直机关第一幼儿园、广西区直机关第四幼儿园、南宁市越秀路小学、广西实验幼儿园开展“瓯骆学堂”之“唱响家乡三月三”校园行活动。

26日，开展“多彩印记·寻味三月三”线上直播。

30日，开展“壮族三月三”流动展览和民族文化手工体验活动。

30日，在文创空间开展“文化遗产周周学”之“壮族三月三”民族手工活动。

31日，获2019年南宁市志愿服务项目“金点子”创意大赛优秀奖。

31日，唐剑玲副书记到自治区文化和旅游厅机关党委挂职锻炼。

4月

1日，赴自治区党委机关保育院、南宁市天桃实验学校、南宁市中山路小学、自治区文化和旅游厅幼儿园、南宁市星湖小学开展“瓯骆学堂”之“唱响家乡三月三”校园行活动。

4日，在广西博物馆微信公众号发布“指尖三月三”线上互动小游戏。

9日，派员赴凤立村助推脱贫攻坚工作。

13—24日，推出6期“文化遗产周周学”之“云手工：趣玩三月三”主题课程。

16—21日，全国博物馆安全技术及管理培训班在桂林博物馆开班。

18日，赴宾阳县甘棠镇高棠学校开展“关爱农民工子女”历史文化志愿活动校园行暨捐赠仪式。

19—21日，与合浦县申遗中心等单位联合承办的“海丝文化遗产与文旅深度融合”研讨会在合浦召开。

5月

7日，赴南宁市第二中学凤岭校区开展历史文化志愿服务。

11日，在南宁市新梦之岛百货开展“文化遗产周周学”之“巧绘瓷盏”“创意风灯”等主题课程。

16日，开展“跟着博物馆游广西：海丝起航——跟我穿越海上丝绸之路”研学旅行活动。

18日，联合西南博物馆联盟成员及相关单位共同举办的“国宝盛宴——《史记》中的西南边疆”展在云南省博物馆开幕。

18日，入选“享文化·乐旅途——广西文化精品进景区”示范单位。

18日，开展“寻找老南宁的故事”国际博物馆日主题研学游活动。

18日，开展“国际博物馆日”校园主题宣讲活动。

18日，萧潇荣获广西“十佳红色故事讲解员”专业组二等奖。

18日，开展国际博物馆日线上直播。

18日—6月11日，推出8期“瓯骆学堂云课堂：趣探广西”主题课程。

20日，青花缠枝莲纹系列文创产品荣获2019年广西“十佳文创精品奖”。

20日，凭祥市友谊关出入境边防检查站向广西博物馆移交一批古钱币。

23日，赴黄姚镇凤立村开展“瓯骆风　八桂情”流动展览下基层活动。

24日，在黄姚镇凤立村小学开展“关爱农民工子女”历史文化志愿活动校园行。

24日，接收南宁海关移交的一批越南钱币。

6月

1日，推出“文化遗产周周学”之“民族娃娃”“民族建筑”“纸模梅瓶”等主题课程。

4日，走进南宁市新兴民族学校、五象第二实验小学、新阳路小学等学校开展“瓯骆学堂”之端午节主题课堂进校园活动。

8日，赴百色起义纪念馆、右江民族博物馆等红色场馆开展“跟着博物馆游广西”之红色文化主题研学活动。

10日，党总支牵头组织开展专题党课，党员干部接受意识形态教育。

11—12日，开展“流动博物馆：文化和自然遗产日主题课堂进校园”活动，走进南宁市桂雅路小学、民乐路小学。

13日，开展“文化遗产周周学”之文化和自然遗产日特辑活动。

13日，推出“文物赋彩　创意生活”之“6·13文创妙物节”线上直播。

14日，召开“不忘初心、牢记使命”主题教育工作会议。

14日，赴南宁市民主路小学开展“瓯骆学堂之穿越古今趣话海丝”主题课堂进校园活动。

18日，走访贫困户，倾听贫困户心声。

20日，赴南宁市新兴民族学校开展“瓯骆学堂”之红色文化主题课堂进校园活动。

20日，赴广东开展“不忘初心、牢记使命”主题教育调研。

25日，推出“瓯骆学堂云课堂：我们的节日——端午”主题课程，开展“瓯骆学堂”之“我们的节日——浓情端午”“文化遗产周周学——趣玩端午”“流动博物馆——端午主题教育活动进社区”等线下主题课程。

29日，赴南宁市万力社区开展“文化和自然遗产日”主题月志愿服务活动。

7月

1日，文创产品在越南河内中国文化中心举办的“文化产业与旅游发展及推广”展览展出。

4日，参加广西自然博物馆协会“2019暑期科普联展”。

5日，表彰“关爱农民工子女”历史文化志愿服务项目优秀志愿者。

13日，开启“文化遗产周周学”暑期活动，开展“花山文创”“青花文创”“铜鼓文创”“凤灯文创”等主题活动。

15日，李世佳参与的课题《合浦汉墓的资料整理与研究》获国家社科基金一般项目立项。

16日，征集朱达章遗物共6件（套）。

21日，开展“流动博物馆：主题课堂进基层之古人的防疫妙招”活动。

22—26日，开展“瓯骆学堂”之“瓯骆人的衣食住行”历史文化课堂。

23—28日，开展“跟着博物馆游广西”之“行走滇桂·探秘茶马古道”研学活动。

24日，党总支召开首期“不忘初心、牢记使命”主题教育读书交流会。

29日，推出暑期“博物馆职业体验营”。

8月

5—9日，开展“瓯骆学堂”之“品味广西”非遗美食课堂。

6日，由自治区文化和旅游厅主办，广西博物馆协会、广西博物馆等8家单位承办的“八桂烽火　涅槃新生——广西革命文物巡展”开幕。

6—27日，党总支召开第二期至第五期“不忘初心、牢记使命”主题教育读书交流会。

7日，推出2期“文化遗产周周学”之“线上直播——神秘的青铜器”课程。

10—14日，开展9期“瓯骆学堂”之“衣食住行”主题课堂，医护人员子女专场2期。

14日，开展“跟着博物馆游广西”之“我的城我的家——医护人员子女专场”研学旅行。

16日，完成灌阳县史志办委托的“红军长征过桂北遗留下的旗帜”的仿制工作，并通过验收。

19—21日，推出“博物馆职业体验营”。

28日，获“2019中国—东盟博览会文化展文化精品奖”。

29日，召开“不忘初心、牢记使命”主题教育调研成果交流会。

29日，自治区文化和旅游厅直属机关党委批复，同意成立中共广西壮族自治区博物馆委员会和纪律检查委员会，撤销中共广西壮族自治区博物馆总支部委员会。

30日，馆藏文物在广州艺术博物院“春睡梦先觉——纪念高剑父诞辰一百四十周年展”展出。

30日，召开“不忘初心、牢记使命”专题民主生活会。

31日，自治区文物局组织召开广西博物馆改扩建基本陈列内容设计方案专家评审会，评审“广西历史陈列”“广西海上丝绸之路陈列”“陶瓷陈列”“书画陈列”“古籍陈列”“珍宝陈列”“文玩陈列”等常设展览内容方案。

9月

2日，开展“传承红色文化，争当追梦人”主题教育活动。

7日，开展“跟着博物馆游广西”之红色文化主题研学游活动。

9—14日，赴南宁市中山路小学、月湾路小学、民乐路小学开展“国防教育主题课堂——文物背后的抗战故事”进校园活动。

10日，赴南宁市天桃实验学校、自治区党委机关保育院开展“瓯骆学堂”之中秋主题课堂进校园活动。

12日，自治区文化和旅游厅批复广西博物馆设立党群工作部。

12日，参加第七届广西青少年科学节主场活动。

13日，开展“团圆迎中秋，欢乐颂祖国”公益科普活动。

17日，“八桂烽火　涅槃新生——广西革命文物展”在玉林市博物馆开幕。

17日，召开2019年度第二批岗位竞聘会。

20日，萧潇、罗丽诗参加第二届全国红色故事讲解员大赛暨“时代新人说——我和祖国共成长”之薪火相传主题演讲赛广西选拔赛并获三等奖。

24日，开展2场“瓯骆学堂：我们的节日——‘飞到月球看嫦娥’”主题课堂进校园活动。

26日，“丝路启航——广西古代海上丝绸之路文物特展”在上海市闵行区博物馆开幕。

27—28日，赴来宾市开展“展览下基层　文化进万家”国防教育主题活动。

29日，由广西博物馆、俄罗斯列宾美术学院等单位合作承办的“美美与共·面向未来——纪念中俄建交70周年油画艺术作品交流展”在南宁市青秀山书院开幕。

10月

1日，组织干部职工收看中华人民共和国成立70周年庆祝大会直播。

1日，馆藏文物赴日本参加由中国文物交流中心与日本东京国立博物馆、日本九州国立博物馆等合作举办的“三国志展”。

1日，推出“瓯骆学堂云课堂：我们的节日——中秋节”主题课程。

2日，开展“跟着博物馆游广西”之红色文化主题研学游活动。

23日，骆越风韵·瑶民起义口号系列文创产品获首届全国优秀红色旅游文创产品奖。

23日，到南宁市月湾路小学、民主路小学、红星小学开展“传承红色文化，争当追梦人”主题教育活动。

25日，“八桂烽火　涅槃新生——广西革命文物展”在桂林博物馆开幕。

28日，参加在泰国举办的庆祝中华人民共和国成立70周年“今日中国”大型专题展销会，荣获“中泰文化交流优秀参展单位”称号，吴伟峰、邱莉荣获“优秀参展个人”称号。

29—31日，举办凤立村桂绣坊2019年桂绣新品培训班。

11月

2日，参加在南宁市举办的第四届“艺术史与民族艺术”学术研讨会。

2日，赴柳州市三江县独峒镇开展“春雨工程：‘流动博物馆进乡村’”文化志愿服务活动。

9日，到南宁市桂雅路小学开展“流动博物馆：教育活动进校园”活动。

11日，韦江同志任广西博物馆馆长，吴伟峰同志任广西博物馆党委书记；赵晋凯同志调任广西图书馆党委书记。

13日，赴自治区文化和旅游厅幼儿园开展“瓯骆学堂”之“活字印刷”体验活动。

14日，韦江馆长走访慰问老干部。

15日，到南宁市民主路小学开展“瓯骆学堂”之“瓯骆人的衣食住行”主题课堂进校园活动。

16日，到南宁市第二中学开展“国防教育主题课堂——文物背后的抗战故事”进校园活动。

18日，熊昭明副馆长等撰写的著作《海上丝绸之路》入选自治区新闻出版局2019年广西出版物“走出去”优秀出版项目。

25日，获2019山东国际文物保护装备博览会最佳创意展示奖、优秀组织奖。

12月

1日，《广西北部湾地区汉唐海上丝绸之路遗产“突出的普遍价值”》等9项自治区文化和旅游厅调研课题结项。

5日，召开年度志愿者培训总结会。

7日，“八桂烽火　涅槃新生——广西革命文物展”在百色起义纪念馆开幕。

9日，唐剑玲同志挂任自治区文化和旅游厅机关党委副书记、自治区文化和旅游行业社会组织党委副书记。

9日，离退休人员管理科并入党群工作部整合办公。

9日，凤立村壮族生态博物馆对外开放。

11—14日，赴南宁市盘古路小学、广西农科院等地开展历史文化志愿服务。

12日，广西博物馆协会第二届会员代表大会暨2019年学术年会在柳州市召开，吴伟峰当选理事长，黄璐当选秘书长。

16日，“跟着博物馆游广西”研学旅行项目参加全国博物馆研学旅行培训暨优秀课程与优秀线路交流会。

16日，获第四届吉林雪博会暨第二十三届长春冰雪节最佳展示奖。

17日，志愿者贲春娣和“小桂花”志愿者团队南宁市中山路小学教师服务队参加“牵手历史——第十届中国博物馆十佳志愿者之星”推介活动暨“讲中国故事，展志愿精神”宣讲活动，贲春娣荣获“中国博物馆十佳志愿者之星”称号，“小桂花”志愿者团队南宁市中山路小学教师服务队荣获“优秀志愿团队”称号。

24日，参加2020年全国文化科技卫生“三下乡”集中示范活动。

25日，赴都安瑶族自治县开展“瓯骆风　八桂情”流动展览下基层活动。

26日，获南宁志愿服务联合会2019年度最佳支持会员单位奖。

27日，印发改扩建工作任务部门分工表，正式启动开放工程需求调研，并与建安工程、展览工程协同推进。

27日，召开2019年度工作总结会。

30日，召开党员大会，选举产生新一届党委委员、纪委委员。

2020年

1月

7日，从建筑强弱电、基础设施、数字资源、软件系统、体验空间等5个方面对智慧博物馆建设进行了详细规划，分阶段推进智慧博物馆建设。

10日，举办凤立村桂绣坊2019年桂绣新品培训结业典礼暨展演活动。

15日，馆领导开展春节前走访慰问活动。

17日，文创产品获2019年“南宁礼物”征集大赛铜奖。

17日，“八桂烽火　涅槃新生——广西革命文物展”在柳州博物馆开幕。

18日，“室庐清赏——古代文房用具展”在玉林市博物馆开幕。

19日，获南宁志愿服务联合会2019年度最佳支持会员单位奖。

20日，韦江馆长参加自治区人民政府办公厅召开的研究落实改扩建经费协调会。

22日，铜鼓纹套装获2019年“南宁礼物”征集大赛铜奖，“大师笔下的广西”书签获优秀奖。

25日，“瓷美如花——广西博物馆藏瓷器精品展”在贵港博物馆开幕。

2月

13日，印发《广西博物馆应对新型冠状病毒传染病工作方案》。

16日，入选广西首批自治区级中小学生研学实践教育基地。

25日，卢定山捐赠抗击新冠疫情的1幅个人书法作品。

27日，自治区文化和旅游厅文物保护与考古处调研员顾航到馆指导改扩建经费的落实和广西文物商店建筑处置事宜。

3月

2日，印发《广西博物馆涉案鉴定评估管理办法》，修订并印发《广西博物馆藏品保管管理办法》《广西博物馆文物出入库管理办法》《广西博物馆文物摄影资料提用管理办法》《广西博物馆文物征集管理办法》。

8日，捐赠文化物资，助力湖北武汉抗疫。

10日，经南宁市住房和城乡建设局核准，改扩建项目基建工程全面复工。

23日—4月26日，通过广西博物馆官方微信公众号、微博、抖音号推出“多彩印记·云享三月三”线上系列活动。

30—31日，举办广西“三区”文化人才宣教讲解线上培训班。

4月

14日，召开2020年第一季度党员大会。

14日，召开2020年党的工作暨党风廉政建设工作会议。

20日，组织人员赴凤立村开展调研活动。

25日，为武汉捐赠文化创意产品，获“抗击疫情，你我同行”奖牌。

27日，派员前往自治区人民医院拜访广西援鄂第一批医疗队员之一的覃雪军医生，并接受其抗疫荣誉证书等重要见证物的捐赠。

29日，“八桂烽火　涅槃新生——广西革命文物展”在来宾市博物馆开幕。

5月

1日，启动馆藏照片及底片数字化扫描工作。

10日，改扩建项目（土建及安装工程）初步设计获自治区发展改革委审批通过。

15日，“丝路启航——广西汉代海上丝绸之路文物特展”在广州南汉二陵博物馆开幕。

16日，“跟着博物馆游广西”研学旅行项目入选广西十佳文博研学线路。

18日，推出第11期《馆长说宝》微视频。

20日，“跟着博物馆游广西”研学旅行项目推出“海丝文化——小航海家之旅”研学线路。

20日，2019年度党支部书记抓党建和落实意识形态工作责任制述职评议会暨党支部工作经验交流会顺利召开。

6月

5日，对广西博物馆原馆长吴伟峰同志任期经济责任进行审计。

13日，“我们在战‘疫’——文博人抗击新冠肺炎疫情图片展”在桂林开幕。

13日，推出第12期《馆长说宝》微视频。

18日，“不负韶华　只争朝夕”读书分享会成功举办。

19日，广西博物馆扶贫产品亮相2020年广西文旅扶贫电商大会。

28日，馆党委联合邕州海关开展“追寻革命初心，担负光荣使命”主题党日活动。

30日，召开2020年第二季度党员大会。

7月

1日，推出第13期《馆长说宝》微视频。

1日，馆党委组织党员干部参观林景云故居，缅怀革命先烈。

8日，自治区人民医院捐赠一批代表性抗疫物资。

23日，印发《广西壮族自治区博物馆馆藏文献再生性保护工作暂行指导办法》。

30日，陈紫茹参与的国家社科基金西部项目《左江花山岩画与相关考古遗存的关联性研究》结项，荣获全国哲学社会基金项目优秀奖。

8月

1日，文创产品进驻广西文化旅游形象展示馆。

1日，推出第14期《馆长说宝》微视频。

4日，馆党委书记吴伟峰带队赴凤立村推进文化扶贫工作。

5日，唐建纲主持的课题《政府会计改革对行政事业单位内部控制的影响机制与实践路径研究》获广西会计人才小高地课题项目立项。

8日，广西博物馆官网上线“红旗漫卷壮乡——中国共产党在广西革命历程文物图片展”虚拟展。

12—14日，开展医护人员子女暑期特别活动。

27日，派员参加“致青春　为家国”——争做黄文秀式好青年主题团日暨“走读广西　阅读追梦”读书分享会。

9月

2日，馆党委组织党员干部观影《秀美人生》，学习黄文秀先进事迹。

3日，推出第15期《馆长说宝》微视频。

8日，召开2019年度领导班子和领导干部年度考核测评会。

20日，青花缠枝莲纹系列文创产品、羽人饰品系列文创产品、青花笔记本套装获2020中国特色旅游商品大赛入围奖。

24—26日，“关爱农民工子女”历史文化志愿服务项目在2020年广西志愿者服务项目大赛中获优秀奖。

25日，开展馆藏古籍再生性保护工作，扫描整理8部11册，超过750页文献信息。

27日，“瓯骆遗粹——广西百越文化文物精品图片展”和“广西人的抗战——纪念中国人民抗日战争暨世界反法西斯战争胜利75周年图片展”在来宾市博物馆开幕。

29日，召开2020年第三季度党员大会。

10月

1日，推出第16期《馆长说宝》微视频。

29日，馆党委组织开展“家乡情　忆初心”主题党日活动。

31日，唐建纲主持的广西会计人才小高地课题项目《政府会计改革对行政事业单位内部控制的影响机制与实践路径研究》结项。

11月

3日，广西“三区”文化人才重点项目在河南博物院开展。

9日，熊昭明副馆长所著《汉代合浦港的考古学研究》获广西第十六次社会科学优秀成果奖著作类成果三等奖。

11日，自治区人力资源和社会保障厅批准增设4个高级专业技术岗位。

16日，召开2020年度专业技术岗位竞聘会。

19日，获2020年“第十一届中国博物馆十佳志愿者之星”推介活动之“优秀志愿者团队”和“‘抗击新冠肺炎’团队优秀贡献奖”2项荣誉。

19日，入选“最受网友关注的广西十大文化场馆”。

20日，开展广西博物馆内部控制体系建设。

23日，“跟着博物馆游广西”研学旅行项目获由国家文物局指导、中国博物馆协会主办的“2015—2019年度博物馆研学课程及线路推介活动”之“最佳研学线路”。

24日，召开2022年度管理岗位、工勤岗位竞聘会。

26日，推出第17期《馆长说宝》微视频。

27日，《文旅融合背景下广西地区文博研学旅行产品的开发策略研究》等20项自治区文化和旅游厅调研课题结项。

12月

1日，陆文东副馆长参与的国家社科基金重大项目《中国—东南亚铜鼓数字化记录与研究》结项。

2—8日，与昭平县文化和旅游局在凤立村联合举办2020年桂绣新品培训班。

20日，羽纹铜凤灯吊坠系列文创产品获2020年“广西有礼”广西特色旅游商品创意设计大赛铜奖，青花缠枝莲纹系列文创产品获优秀奖。

22日，国壮芳香化湿香囊系列文创产品荣获2020年“广西有礼”广西特色旅游商品创意设计大赛金奖。

25日，召开2020年第四季度党员大会。

25—29日，文创产品应邀参展第五届吉林国际冰雪产业博览会暨第二十四届长春冰雪节，并获最佳展示奖。

28日，馆藏文物在上海中国航海博物馆“中国古代航海文物大展”展出。

30日，熊昭明同志调至广西民族大学工作。

31日，推出第18期《馆长说宝》微视频。

2021年

1月

7日，完成广西文物商店藏品搬迁及清点核对工作，理清文物商店文物总量为35700件。

18日，广西博物馆2020年度党支部书记抓党建和落实意识形态工作责任制现场述职评议会顺利召开。

25日，凤立村桂绣坊2020年培训班成果验收暨桂绣作品评比活动圆满结束。

27日，面向社会征集“红旗漫卷壮乡——中国共产党广西革命建设百年历程文物图片展”展品。

30日，推出“文化遗产周周学”线上课堂。

1月，广西文物商店撤销，完成改制，资产、人员等并入广西博物馆。

2月

2日，馆领导开展春节前走访慰问活动。

3日，推出“瓯骆学堂：二十四节气微课堂”。

6日，“巧手匠心——馆藏历代工艺品展”在玉林市博物馆开幕。

11日，推出第19期《馆长说宝》微视频。

25日，接收一批对越自卫还击战相关物品。

3月

5日，赴南宁市中山路小学开展“学雷锋日博物馆志愿者宣传”活动。

5日，赴广西科技馆开展“党建联建共创　爱心志愿同行”学雷锋志愿服务联展活动。

23日，参加“庆祝中国共产党成立100周年暨2021广西红色文化旅游主题宣讲进校园活动走进广西金融职业技术学院站”活动。

25日，韦露莎在2021年“永远跟党走——庆祝中国共产党成立100周年”全区博物馆讲解大赛上获三等奖。

25日，完成自治区大数据局移动互联网应用程序和网络工作群专项普查工作。

25—26日，赴田东县参加2021年全国文化科技卫生“三下乡”集中示范活动（广西站）。

29日，馆党委书记吴伟峰主持的国家社科基金项目《中国壮锦与东南亚相关织锦的综合研究》结项。

29日，党员积极参加“学四史、守初心”读书答题主题党日活动。

30日，召开2021年党的工作暨党风廉政建设工作会议。

30日，召开2021年第一季度党员大会。

3月，完成“1958年毛泽东到南宁日记”等文物的征集。

4月

6日，自治区人力资源和社会保障厅核准增设10个高级专业技术岗位。

6日，赴自治区文化和旅游厅幼儿园开展“唱响家乡三月三　广西博物馆走进校园”活动。

13日，到广西国际壮医医院开展“多彩印记　春暖三月三”专题直播活动。

13日，馆党委联合自治区科协开展“感党恩　跟党走”民族团结主题党日暨党员“政治生日”活动。

14日，推出第20期《馆长说宝》微视频。

26日，获“全区关心下一代工作先进集体”荣誉称号。

26日，黄海荣同志赴凤立村担任乡村振兴工作队员。

26日—10月28日，参加由自治区文化和旅游厅主办的“庆祝中国共产党成立100周年暨2021广西红色文化旅游主题宣讲进企业、进校园、进军营、进社区”系列活动。

27日，举办2021年全区博物馆文化创意产品研发高级研修班。

30日，召开2021年度第一批岗位竞聘会。

5月

7日，开展“百年百物——广西革命文物讲述音频”征集活动，向全区文博单位征集可移动革命文物讲解音频。

8日，珐琅彩百花纹系列、花山系列文创产品入选全国百佳文化创意产品。

14日，开展“我为群众办实事　共建美好新家园”活动。

17日，自治区党委书记鹿心社实地调研改扩建工程建设进展及文物收藏保护情况。

18日，面向公众征集新馆标识（LOGO）设计方案活动启动。

18日，开展“让古籍活起来”系列活动。

18日，赴南宁市月湾路小学、明秀二区小学开展“2021年国际博物馆日校园专场活动”。

19日，召开2020年度领导班子和领导干部年度考核测评会。

20日，完成网络安全管理绩效考核工作，包括网站防篡改、防入侵安全措施系统升级维护。

21日，印发《广西博物馆在职人员继续教育管理办法（修订）》。

21日，赴南宁市民主路小学开展“瓯骆学堂”之“文物背后的抗战故事”活动。

26日，赴南宁市第二中学凤岭校区开展“瓯骆遗粹　八桂千秋——广西壮族自治区博物馆进二中主题课堂”活动。

28日，党员干部参加党史学习教育主题党日活动。

29日，参加在桂林市举办的“2021广西全域旅游大集市”活动。

31日，赴南宁市天桃实验学校银杉校区开展“瓯骆学堂‘红旗飘飘耀八桂’”活动。

6月

1日，开展“诵读红色经典，传承红色基因”读书分享主题党日暨给党员过“政治生日”活动。

2日，改扩建项目新建主体实现封顶。

4日，张弛的《博物馆古籍再生性保护研究》课题获全区文化和旅游系统2020年度优秀调研报告优秀奖。

8日，馆党委开展庆祝中国共产党成立100周年暨“打卡红色教育基地”主题党日活动。

12日，推出“瓯骆学堂”之“八桂器乐之旅”系列宣传活动。

16日，联合广西织绣发展研究会等举行“美丽壮锦献给党”织锦仪式。

21日，LED铜鼓纹美妆镜风扇系列、节节高系列、柿柿如意系列文创产品荣获2021年“广西有礼”广西特色旅游商品创意设计大赛金奖。

28日，由自治区文化和旅游厅主办，广西博物馆、广西民族博物馆承办的“红旗漫卷壮乡——中国共产党在广西革命历程文物图片展”在广西民族博物馆开幕。

28日，召开2021年第二季度党员大会。

7月

1日，馆党委组织党员干部集中收看庆祝中国共产党成立100周年大会直播。

1日，自治区人力资源和社会保障厅核准增设2个六级职员管理岗位。

1日，推出第21期《馆长说宝》微视频。

6日，举办2021年全区博物馆研学旅行工作培训班。

12日，韦江馆长参加自治区人民政府办公厅召开的研究落实改扩建经费协调会。

12—13日，馆党委书记吴伟峰赴凤立村开展乡村振兴调研工作并慰问驻村工作队员。

14日，派员参加习近平总书记“七一”重要讲话精神主题团课。

15日，启动2021年“跟着博物馆游广西”研学营活动。

17日，馆党委上“学党史　担使命”党史学习教育专题党课。

21日，黄嵩和捐赠“粪扇”。

23日，完成建党展虚拟展的全景拍摄并开发“跟着博物馆游广西”小程序。

26日，推出“瓯骆学堂”之“瓯骆人的衣食住行”线上课堂。

8月

4日，与广西交通一卡通共同发行首款联名文创产品“桂民卡·大师笔下的广西”主题纪念卡。

6日，推出第22期《馆长说宝》微视频。

16日，自治区文化和旅游厅党组书记、厅长甘霖到馆检查改扩建项目的进展情况。

17日，发布改扩建展览项目形式设计概念性方案征集公告。

20日，《广西博物馆馆藏文物保护修复方案》获自治区文化和旅游厅批复。

26日，自治区副主席李彬到馆调研改扩建项目进展情况。

27日，“红旗漫卷壮乡——中国共产党在广西革命历程文物图片展”在玉林市博物馆开幕。

28日，向自治区财政厅财政投资评审中心提交建安工程总承包施工图预算评审材料。

9月

2日，驻自治区文化和旅游厅纪检监察组到广西博物馆督促和指导工作。

3日，《广西壮族自治区博物馆陈列展览拓片征集方案》获自治区文化和旅游厅批复。

26日，印发《广西博物馆中层干部选拔任用和监督管理办法（试行）》。

29日，召开2021年第三季度党员大会。

30日，向自治区文化和旅游厅党组汇报改扩建陈列展览设置和内容设计方案。

30日，向自治区财政厅财政投资评审中心提交展览工程、开放工程项目支出预算评审材料。

10月

1日，程璐参与的课题《“太平洋丝绸之路”档案文献整理与研究》获国家社科基金中国历史研究院重大历史问题研究专项2021年重大招标项目立项。

1日，推出第23期《馆长说宝》微视频。

12日，完成解放战争时期左江报社出版的《中国革命与中国共产党》等革命文物的征集。

15日，文创产品四季美妆LED镜子、翔鹭纹铜鼓纹饰+美妆镜+LED灯+风扇获2021年“广西有礼”广西特色旅游商品创意设计大赛金奖。

15日，“跟着博物馆游广西”研学旅行项目入选“2021全国文化遗产旅游百强案例”。

19日，广西“三区”人才支持计划全区博物馆文创产品研发培训班开班。

11月

2日，召开聘用人员岗位竞聘会。

10日，召开2021年度第二批岗位竞聘会。

12日，“红旗漫卷壮乡——中国共产党在广西革命历程文物图片展”在桂林博物馆开幕。

25日，组织开展“学四史、知来路、明方向”主题党日活动。

27日，推出“追忆峥嵘岁月　传承红色精神”线上直播活动。

29日，赴南宁市中山路小学开展“瓯骆学堂‘从白话童谣谈非遗文化传承’”和“红旗漫卷壮乡——中国共产党在广西革命历程文物图片展”进校园活动。

12月

6日，李世佳参与的课题《汉代海上丝绸之路沿线国家考古遗存研究及相关历史文献整理》获国家社科基金重大项目立项。

8日，党员参加区直文化旅游系统党的十九届六中全会、自治区第十二次党代会精神宣讲报告会。

11日，推出第24期《馆长说宝》微视频。

21日，召开2021年第四季度党员大会。

22日，举办2021年广西博物馆协会理事会年会暨“博物馆的未来：恢复与重塑”学术研讨会。

23日，征集到革命文物1944年西南戏剧展纪念章。

23日，LED铜鼓纹美妆镜风扇系列文创产品获2021年“南宁礼物”征集大赛优秀奖。

25日，开展“红旗漫卷壮乡——中国共产党在广西革命历程文物图片展”场馆线上直播活动。

26日，自治区财政厅财政投资评审中心下达开放工程（其他附属设施设备）项目支出预算评审报告。

26日，“文化遗产活化　助推乡村振兴——广西博物馆创新发展传统民族刺绣技艺”入选2021年广西文化旅游改革创新优秀案例。

29日，入选首批广西少先队校外实践教育基地。

30日，潘汁、黄璐两位同志获第二届八桂文化艺术奖“先进个人”称号。

2022年

1月

2日，改扩建项目建安工程、展览工程、开放工程开始全部倒排工期、挂图作战，确定每周工作例会制度，确保建设任务日清周结。

11日，苏兴周同志任广西博物馆党委书记。

13日，印发《广西博物馆2022年重点工作纲要》。

18日，馆党委书记苏兴周带队赴凤立村开展乡村振兴工作调研及慰问活动。

20日，召开党史学习教育专题民主生活会。

24日，馆领导春节前走访慰问老专家老干部。

25日，“丝路启航——广西汉代海上丝绸之路文物特展”在玉林市博物馆开幕。

25日，馆藏4件（套）文物在北京清华大学艺术博物馆“异彩纷呈：东西文明交流中的玻璃艺术”展展出。

25日，广西博物馆2021年度党支部书记抓党建和落实意识形态工作责任制现场述职评议会顺利召开。

28日，馆领导春节前走访慰问生活困难党员。

2月

1日，推出第25期《馆长说宝》微视频。

1—6日，推出“虎年说虎”线上系列课堂。

10日，自治区党委常委、宣传部部长孙大光到馆调研改扩建项目。

24日，馆党委组织全体在职党员赴广西新媒体中心《红色传奇》沉浸式体验中心开展“汲取红色力量　感悟红色传奇”主题党日活动。

3月

1日，陈紫茹参与的国家社科基金西部项目《清代西南边境管理研究》结项。

4日，萧潇入选2021年全国红色旅游五好讲解员培养项目。

11日，《博物馆红色教育资源与高校思想政治教育融合研究》等10项自治区文化和旅游厅调研课题结项。

16日，召开2022年度岗位竞聘会。

21日，自治区财政厅财政投资评审中心下达展览工程项目支出预算评审报告。

24日，完成馆藏红色革命标语的上报、系统填报工作。

25日，“八桂文博微讲堂·名家说”系列线上讲座开讲。

28日，面向中小学学生推出“多彩三月三”视频课。

29日，召开2022年党的工作暨党风廉政建设工作会议。

29日，召开2022年度第一季度党员大会。

31日，印发《广西博物馆工程类项目采购操作规程（暂行）》。

4月

3日，推出H5小游戏“指尖三月三”。

3日，推出第26期《馆长说宝》微视频。

10日，编制“广西博物馆改扩建展览深化设计及布展项目工作进度计划及事项跟踪表”“广西博物馆改扩建展览深化设计及布展项目时间计划表”，成立工作专班。

22日，馆藏文物在广西民族博物馆“家和万事兴——广西家庭家教家风主题展”展出。

25日，获自治区文化和旅游厅批准的文物拓印资质。

26日，开展“建功新时代　阅读助圆梦”主题党日活动。

28日，“八桂文博微讲堂·名家说”系列讲座第二期开讲。

29日，召开2021年度领导班子和领导干部年度考核测评会。

5月

16日，《广西博物馆陈列展览用印章印拓、印章边款拓印及玉牌纹饰拓印制作方案》获自治区文化和旅游厅批复。

17日，《馆藏青铜器文物保护修复方案》《馆藏近现代木质文物保护方案》《馆藏铜镜等纹饰拓印方案》获自治区文化和旅游厅批复。

18日，举办“广西海上丝绸之路”文化产品创意设计大赛。

18日，上线广西博物馆全新视觉识别系统。

18日，推出“博物馆里的广西”系列微视频。

18日—7月17日，新馆阅览室推出线上网络投票征名活动，最终定名“瓯骆书房”。

27日，“八桂文博微讲堂·名家说”系列讲座第三期开讲。

27日，参加“青春心向党　代言壮美广西”青年公益云市集直播活动。

6月

2日，开展“瓯骆学堂：我们的节日——端午”活动。

8日，乡村振兴帮扶村凤立村获第五批“自治区民族团结进步示范村”。

9日，印发《广西壮族自治区博物馆大力推进清廉单位建设实施方案》《中共广西壮族自治区博物馆委员会关于成立清廉单位建设工作领导小组的通知》。

11日，推出第27期《馆长说宝》微视频。

17日，完成文物数字化保护项目（一期）馆藏文物高清三维数据采集。

17日，举行“党旗领航　决战100天　我们在行动”誓师动员会。

17日，召开2022年度第二季度党员大会。

17日，召开推进清廉单位建设动员部署会。

22日，自治区文化和旅游厅党组研究通过广西博物馆国家AAAAA级旅游景区创建提升方案。

22日，韦露莎在2022年广西红色故事讲解员大赛中获三等奖，罗丽诗获优秀奖。

24日，“八桂文博微讲堂·名家说”系列讲座第四期开讲。

29日，唐建纲主持的课题《基于广西预算管理一体化平台的绩效管理标准体系与实施机制研究》获广西会计人才小高地课题项目立项。

29日，召开学习传达习近平总书记在主持十九届中共中央政治局第四十次集体学习时的重要讲话精神暨集体廉政谈话会议。

30日，联合广西地图院开展“感党恩　跟党走——广西庆祝中国共产党成立100周年系列地图宣传册捐赠活动暨主题党日活动”。

7月

1日，开展“喜迎二十大　奋进新征程——文物背后的红色故事”主题宣讲进校园活动。

1日，印发开馆倒计时话题征集的公告。

18日，黄璐获“全国青少年普法教育优秀辅导员”称号。

18日，与广西图书馆签订合作协议书。

20日，印发《广西壮族自治区博物馆科级及以下人员因私出国（境）管理办法（试行）》。

26日，印发《广西壮族自治区博物馆聘用人员管理办法（试行）》。

27日，印发《广西壮族自治区博物馆实习生管理办法（试行）》。

29日，完成馆藏革命文物备案、上报、审核。

29日，“八桂文博微讲堂·名家说”系列讲座第五期开讲。

8月

18日，征集到马万里绘《百龄衍庆》等书画作品4件，梁耀绘《松云图》和牡丹瓷瓶艺术作品2件。

19日，馆藏1件（套）文物在广东省博物馆“绘冠南天——粤藏宋元书画特展”展出，展至11月27日。

25日，开展“传承红色基因　弘扬清廉文化”主题党日活动。

27日，举办“全区红色旅游讲解员培训班——生动诠释红色故事的革命精神”。

30日，太阳能壮锦背包获2022年“广西有礼”广西特色旅游商品创意设计大赛铜奖，折叠壮锦灯笼灯获优秀奖。

9月

1—4日，与五菱汽车联合推出的“行走的广西博物馆”项目在第九届中国博物馆及相关产品与技术博览会展会上展出。

2日，志愿服务项目入选“喜迎二十大　强国复兴有我——青少年中华文物我来讲”优秀博物馆志愿服务项目。

3日，入选全国首批“大思政课”实践教学基地。

8日，对广西博物馆改扩建工程项目进行事前绩效评估。

10日，开展“广西古代文明陈列”“合浦启航——广西汉代海上丝绸之路”“釉彩斑斓——馆藏瓷器陈列”“匠心器韵——馆藏工艺珍品陈列”等4个常设展览的文物布展点交工作，9月24日完成。

17日，改扩建项目通过消防预验收。

20日，改扩建项目开展规划验收工作。

23日，启动“行走的广西博物馆”项目。

27日，改扩建项目通过竣工验收。

28日，召开2022年度第三季度党员大会。

28日，文创商店试营业。

28日，馆藏2件（套）文物在绍兴博物馆“高古奇骇——陈洪绶书画作品展”展出，展至2023年2月10日。

10月

1—2日，“行走的广西博物馆”项目暨后备箱博物馆集市活动在南宁市江南万达广场举行。

2日，自治区文化和旅游厅党组书记、厅长甘霖到馆检查改扩建进展情况。

12日，自治区副主席苗庆旺到馆调研。

12日，开展“喜迎二十大　奋进新征程”主题党日活动。

15—16日，“行走的广西博物馆”项目暨后备箱博物馆集市活动在南宁市新梦之岛百货外广场举行。

16日，组织广大党员收看党的二十大开幕会。

17—19日，开展“行走的广西博物馆”校园行系列活动。

19日，封建勋捐赠2幅花鸟图。

21日，印发《广西壮族自治区博物馆馆属企业管理办法（试行）》。

29日，“八桂文博微讲堂·名家说”系列讲座第六期开讲。

11月

3—4日，举行“青春心向党 奋进新征程”广西红色故事宣讲进军营、进校园系列活动。

7日，举办2022全区博物馆文化创意产品研发高级研修班。

10日，印发《党的“一把手”权力清单和负面清单》《行政“一把手”权力清单和负面清单》。

15日，推出“瓯骆学堂：瓯骆人的智慧锦囊——神奇灯具”教育课程。

16日，印发《文物保护修复中心管理办法》，修订并印发《广西博物馆藏品库房管理办法》《文物摄影室管理办法》《广西博物馆文物征集管理办法》。

17日，开展“学思践悟二十大 砥砺奋进新征程”主题党日活动。

22日，完成党的二十大广西代表团签名横幅等物件征集工作。

25日，《广西古代文明陈列》出版。

25日，改扩建项目通过消防验收。

26日，文保中心实验室投入使用。

28日，举办广西博物馆新馆开馆仪式。自治区党委书记、自治区人大常委会主任刘宁出席开馆仪式并宣布开馆，自治区党委副书记、自治区主席蓝天立，自治区政协主席孙大伟，自治区党委常委、宣传部部长孙大光，自治区党委常委、秘书长周异决，自治区人大常委会副主任、党组书记王跃飞，自治区人大常委会副主任、党组副书记范晓莉，自治区副主席苗庆旺，自治区政协副主席、党组副书记徐绍川等出席开馆仪式。国家文物局党组副书记、副局长顾玉才发表视频致辞。

28日，举行国家AAAA级旅游景区揭牌仪式。

28日，举办“铸牢中华民族共同体意识视域下的新时代博物馆事业高质量发展论坛”。

28日，原创舞台剧《梦见瓯骆》首演。

28日，举办“广西博物馆之夜”活动。

28日，广西博物馆新官网正式上线。

28日，多媒体信息印发系统正式上线，安全有效地整合各种类型的馆内显示设备。

29日，“广西古代文明陈列”“合浦启航——广西汉代海上丝绸之路”“釉彩斑斓——馆藏瓷器陈列”“匠心器韵——馆藏工艺珍品陈列”等常设展览开幕。

29日，“三秦华章　光耀四方——陕西周秦汉唐文物精品展”“南方诗意——广西油画风景精品邀请展”“我们这十年（2012—2022年）——新时代广西文化旅游发展成就图片展”等展览开幕。

30日，李世佳参与的国家社科基金一般项目《合浦汉墓的资料整理与研究》结项。

12月

2日，“跟着博物馆游广西”研学旅行项目入选2022年度全国文博社教百强案例。

8日，文物数字化保护项目顺利通过结项验收。

10日，启动“瓯骆文化周”项目。

12日，十四届全国人大常委会委员、环境与资源保护委员会主任委员鹿心社到馆参观。

12日，印发《社会人士及社会机构在广西壮族自治区博物馆开展讲解及研学活动管理办法（试行）》。

12日，举办《广西文化符号》阅读分享会。

14日，在馆内设置了1台数字大屏和多台触摸数字竖屏，为观众提供了“可触摸、可把玩、可带走”的全新游览体验。

15日，印发《广西博物馆考勤管理办法补充规定》。

15日，广西博物馆2022年全区文化人才宣教讲解培训班在西安开班。

16日，十四届全国人大民族委员会副主任委员李康到馆参观。

16日，《馆藏文物保护修复项目》通过专家评审，顺利完成结项。

20日，《馆藏铁器保护修复项目》《馆藏书画保护修复项目》《馆藏青铜器文物保护修复项目》通过专家评审，顺利结项。

20—21日，博物馆教育传播与新媒体应用培训班在南宁举行。

22日，中国共产党历史展览馆续借馆藏12件（套）文物至2023年12月31日。

26日，“红色文化创意赋能　点亮人们美好生活——红色文创产品开发的探索与创新”入选2022年广西文化旅游改革创新优秀案例。

28日，举办2022年博物馆教育传播与新媒体应用培训班。

28日，印发《广西博物馆停车场管理细则》《广西壮族自治区博物馆讲解服务管理办法（试行）》《广西博物馆青少年活动中心管理办法》《广西壮族自治区博物馆儿童考古探秘馆管理办法（试行）》《广西壮族自治区博物馆历史小剧场管理办法（试行）》。

28日，举行“广西博物馆奇妙夜之专家导赏活动”，韦江馆长首次以直播的形式为观众讲解“广西古代文明陈列”。

28日，举办“广西博物馆奇妙夜之丝星光音乐会”活动。

2023年

1月

1日，开展“瓯骆学堂：元旦研学课”活动。

1日，举办新年音乐会，并开展“元旦主题课堂”、瓯骆手工坊等活动。

5日，开展“癸卯寄福　大展蓝图”——《癸卯年》特种邮票首发仪式暨中国邮政文化季第二届八桂生肖嘉年华活动。

6日，参加中国—东盟博览会秘书处与东盟国家驻南宁总领事馆迎新文化交流活动的广西国际博览事务局一行到馆参观。

9日，举办退休职工座谈会。

12日，馆领导开展春节前走访慰问活动。

16日，召开2022年第四季度党员大会。

16日，入选第二届全国文化创意产品“文博百强单位”。

17日，“尺幅万象——广西博物馆藏明清扇面展”在玉林市博物馆展出。

22—27日，开展春节特别系列活动。

2月

4日，开展二十四节气手工书线下活动。

5日，开展“瓯骆学堂：元宵节”研学课。

6日，召开2022年度全馆大会。

7日，全国人大民族委员会主任委员白春礼一行到馆参观。

10日，国家文物局副局长陆进一行到馆调研考察。

15日，与自治区方志办联合开展“鉴往知来，传承中华传统文化”主题党日活动。

17日，召开2022年度民主生活会。

21日，俄罗斯驻广州总领馆代表团到馆参观。

22—23日，开展“瓯骆学堂：铜鼓之美”研学课。

23日，与新华网广西分公司联合开展“学思践悟二十大　培根铸魂启新程”主题党日活动。

25日，非洲高级代表团到馆参观。

25日，开展“瓯骆人的智慧锦囊——神奇灯具”课程。

27日，召开2022年度党支部书记抓党建工作现场述职评议会。

27日，宁夏回族自治区人大常委会副主任杨玉经一行到馆参观。

3月

1日，山西人大常委会副主任王纯一行到馆参观。

8日，举办“瓯骆学堂：花颜悦色——春日瓷器研习之旅”及“琳琅宝石——海丝奇珍研习之旅”活动。

16日，召开理论学习中心组2023年第一季度集中学习会议。

20日，《馆藏青铜器文物保护修复方案》《馆藏近现代木质文物保护方案》《馆藏铁器保护修复项目》通过专家评审，顺利结项。

21日，《广西壮族自治区博物馆陈列展览拓片征集方案》《馆藏铜镜等纹饰拓印方案》《广西博物馆陈列展览用印章印拓、印章边款拓印及玉牌纹饰拓印制作方案》通过专家评审，顺利结项。

23日，开展“红色征程”主题党日活动。

27日，中国博物馆协会理事长刘曙光到馆参观。

27—31日，承办2023年全国博物馆安全技术及管理培训班。

28日，举行2023年公益性民间收藏书画类文物鉴定咨询活动。

29日，召开2023年度第一季度党员大会。

31日，召开2023年度第一批岗位竞聘会。

31日，举办2023年“春尚大典”活动。

4月

4日，派员参加“清明祭英烈　共铸中华魂”清明祭扫主题活动。

11日，召开2023年党的工作暨党风廉政建设和意识形态工作会议。

13日，举办广西研学旅行品牌2023春季推介会。

13日，印发《广西壮族自治区博物馆研学实践活动管理办法（试行）》。

14日，第十九届中央委员、第十三届全国政协副主席马飚到馆参观。

14日，新版票务预约系统上线运行。

17日，举办2023年新时代广西红色故事大赛。

18日，罗丽诗、廖钰在2023年新时代广西红色故事大赛中获二等奖。

19—20日，举办“多彩印记　唱响家乡三月三”主题课堂活动。

21日，内蒙古自治区党委常委、宣传部部长郑宏范到馆参观。

21日，举办“瓯骆讲堂”海丝主题系列讲座第一期“汉代海上丝绸之路——以两广出土玻璃器为中心构建的历史图景”讲座，主讲专家为广西民族大学民族学与社会学学院文物与博物馆专业学科带头人、博士研究生导师熊昭明。

22日，举办2023年八桂青年游广西“潮玩三月三”情系文博主题活动。

24日，《“红色文化+旅游”融合发展财政支持研究》等10项自治区文化和旅游厅调研课题结项。

25日，国家民族事务委员会主任、党组书记潘岳到馆参观。

26日，李晓羽同志赴凤立村担任乡村振兴工作队员。

27日，完成马万里国画《桂林老人山》等4件（套）作品的征集。

28日，开展“瓯骆学堂：八桂溯源”研学课。

5月

5日，获评2022年度“南宁市单位内部治安保卫工作先进集体”。

8日，召开2022年度领导班子和领导干部年度考核测评会。

9日，完成秦天3幅国画的征集。

9日，印发《广西壮族自治区博物馆预算管理内部控制制度》。

10日，开展“文物背后的红色故事”主题课堂暨历史文化体验活动走进校园活动。

11日，召开理论学习中心组2023年第二季度集中学习会议。

11日，召开学习贯彻习近平新时代中国特色社会主义思想主题教育动员部署工作会。

11日，举行瓯骆书房开放仪式暨“广西壮族自治区史志馆联盟”“图书流动服务合作共建点”揭牌仪式。

11日，瓯骆书房正式上线新图书借阅系统和书房客流系统。

13日，开展“瓯骆人的智慧锦囊——寻味千年”研学课。

15日，举办全员消防安全暨应急演练培训，并开展反恐防暴演练活动。

18日，基本陈列“广西古代文明陈列”“合浦启航——广西汉代海上丝绸之路”获第二十届（2022年度）全国博物馆十大陈列展览精品特别奖。

18日，“万卷·书生——馆藏古籍陈列”入选2023年度“弘扬中华优秀传统文化、培育社会主义核心价值观”主题展览推介项目名单。

18日，瓯骆书房推出“线装古籍修复、装订展示”活动并接待大量参与遇见“桂宝”集章打卡活动的观众。

18日，馆藏文物在福建博物院“福航天下——海上丝绸之路的文化印记”展览中展出。

18日，举行2023年度“5·18”专场公益性民间收藏文物鉴定咨询活动。

18日，推出《认识博物馆》研学公益课。

18日，“行走的广西博物馆”走进南宁市月湾路小学并开展“文物背后的红色故事”主题课堂活动。

19日，“五彩八桂　壮美广西——中国（广西）博物馆文化创意产品展”在老挝中国文化中心举办。

23日，参加“桂海丝路论坛”的中央社会主义学院人员一行到馆参观。

24日，自治区党委副秘书长、自治区接待办主任李盛一行到馆参观。

24日，罗丽诗入选2023年全国红色旅游五好讲解员培养项目。

24日，征集到1面出土于崇左市大新县的灵山型铜鼓。

25日，入选全国关心下一代党史国史教育基地。

26日，参与策划的“吉金万里——中国西南地区青铜文明展”在成都金沙遗址博物馆开幕。

6月

1日，印发《广西壮族自治区博物馆民族文物苑活动场地管理暂行办法》。

2日，接待参加“粤港澳青年感受壮美广西文化之旅”的粤港澳青年代表，一起观看古籍修复展示。

3日，开展“瓯骆人的智慧锦囊——交流交融”课。

5日，瓯骆遗粹·DIY掐丝珐琅画在第二届全国文化创意产品推介活动中获评“优胜文创产品”。

5日，对广西博物馆2022年度预算执行及财务收支情况进行审计。

8日，“壮美多彩　人文风华——广西少数民族题材美术精品展”开幕。

9日，举行文化和自然遗产日专场公益性民间收藏文物鉴定咨询活动。

9日，“行走的广西博物馆”走进广西残疾人康复研究中心。

10日，开展“瓯骆人的智慧锦囊——寻味千年”课。

10日，征集到1面南北朝四出钱文铜鼓。

10日，开展古籍装订非遗文化体验活动。

14日，开展“沿着习近平总书记考察足迹学思想”主题党日活动。

17日，“行走的广西博物馆”走进南宁市普罗旺斯小区。

19日，完成“南方诗意”画展中张冬峰等画家共计14幅油画的征集。

19日，缅甸宗教事务与文化部部长吴昂哥一行到馆参观。

19日，国家图书馆馆长熊远明一行到馆参观。

20日，“全国关心下一代党史国史教育基地”揭牌。

20—21日，开展“端午主题研学课程进校园活动”。

22日，全国政协副主席梁振英到馆参观。

22日，开展“瓯骆学堂：端午节公益研学课”活动。

22—24日，开展端午特别活动——遇见“桂宝”寻宝等系列主题活动。

25日，罗丽诗在首届“最美文化遗产讲解员”推介活动中获“优秀文化遗产讲解员”称号。

25日，召开2023年第二季度党员大会。

26日，举办新进人员综合能力专业化培训班。

7月

1日，开展庆祝“七一”主题党日活动。

1日，由自治区文化和旅游厅主办、广西博物馆承办的“不朽的印迹——新民主主义革命时期广西红色标语展”开幕。

4日，“行走的博物馆”项目入选全国文化遗产旅游百强案例。

11—14日，举办“红色故事小讲解员训练营”活动。

11日—8月27日，配合“不朽的印迹——新民主主义革命时期广西红色标语展”推出“遇见‘桂宝’”自主研学活动。

14日，中央民族工作会议精神检查暨宗教工作督察第十检查督查组到馆参观。

15日，在瓯骆书房举办“以优秀传统文化开启暑期生活”——非遗体验活动。

18—21日，举办“瓯骆学堂暑期研学营”活动。

20日，全面上线广西博物馆综合管理平台系统。

22日，举办“瓯骆讲堂”第二期“从内陆江河远航大洋深处——古代广西与海外的文化交流”讲座，主讲专家为广西师范大学泛北部湾区域研究中心主任、博士生导师廖国一教授。

8月

1日，“隽永的异彩——韦锦乐先生收藏俄罗斯美术作品展”开幕。

1日，唐建纲主持的广西会计人才小高地课题项目《基于广西预算管理一体化平台的绩效管理标准体系与实施机制研究》结项。

1日，《馆藏革命文物保护修复项目》申请国家文物保护专项资金，完成专家评审，顺利上报。

6日，举办“瓯骆讲堂”第三期“丝绸之路文化交流符号举例”讲座，主讲专家为南京大学周晓陆教授。

12日，举办“瓯骆讲堂”第四期“谈谈‘太平洋丝绸之路’的知识体系”讲座，主讲专家为南京大学于文杰教授。

12日，与广东省博物馆签订《图书资源共建共享协议》。

15—18日，举办“博物馆职业体验营”活动。

16—20日，开展“跟着博物馆游广西：寻找消失的南越国”研学活动。

18日，《馆藏传世铜质文物保护修复方案》《馆藏金属文物保护修复方案》《馆藏清代瓷器文物保护修复方案》《馆藏书画文物保护修复方案》《馆藏平乐银山岭出土青铜文物保护修复方案》获自治区文化和旅游厅批复。

21日，印发《广西壮族自治区博物馆政务参观接待管理办法（试行）》。

21日，召开学习贯彻习近平新时代中国特色社会主义思想主题教育专题民主生活会。

22日，开展“跟着博物馆游广西——寻找千年海丝印迹”暑期活动。

22—24日，开展“跟着博物馆游广西：寻找千年海丝印记”研学活动。

30日，《奇珍异趣——广西壮族自治区博物馆馆藏汉代海上丝绸之路文物》出版。

8月，馆藏文物参加由国家民委主办的“铸牢中华民族共同体意识文物古籍展”。

9月

1日，十二面金珠系列文创产品、羊角钮钟蓝牙音箱、瑞鸟葡萄纹系列文创产品入围2023中国特色旅游商品。

5日，中国人民银行广西区分行副行长唐剑冰一行5人到馆开展座谈交流。

6日，自治区文化和旅游厅联合自治区机关事务管理局在广西博物馆开展“重温红色印记　铭记不朽荣光”主题党日活动。

8日，凤立村举办2023年桂绣新品培训班。

9日，在瓯骆书房举办特色文化惠民活动“古籍装订体验活动（成人专场）”。

11—15日，“行走的广西博物馆”走进南宁市民乐路小学、天桃实验学校、星湖小学、逸夫小学。

16日，在瓯骆书房为南宁市少年儿童图书馆外来务工子弟专门开设了一场古籍装订体验活动。

17日，中共中央统战部副部长陈旭到馆参观。

21—22日，参加自治区文化和旅游厅等单位主办的“党旗领航　金秋黄姚——2023年广西文化和旅游行业社会组织助力乡村振兴”集中服务活动，并赴凤立村开展“弘扬传统文化　助力乡村振兴——文化和旅游志愿服务”活动。

22日，李世佳参与的课题《广西合浦望牛岭汉墓考古发掘资料整理与研究》获国家社科基金一般项目立项。

26日，举行2023年度第四场公益性民间收藏文物鉴定咨询活动。

26日，召开2023年第三季度党员大会。

26日，十二面金珠系列首饰、十二面金珠水晶套杯、翔鹭迎春系列南珠首饰、羊角钮钟蓝牙音箱荣获2023年“广西有礼”广西特色旅游商品创意设计大赛银奖，翔鹭迎春桌面清洁器、瑞鸟葡萄纹系列文创产品、蝴蝶书签套装获优秀奖。

29日，推出“瓯骆学堂：中秋节公益研学课”。

29—30日，推出中秋特别活动——“福满中秋”手工灯笼DIY活动。

29日—10月6日，围绕馆藏瓷器，推出国庆特别活动——遇见“桂宝”寻宝活动。

30日，推出“广西红色标语展”讲解直播。

30日，《馆藏合浦县望牛岭汉墓出土文物图录》出版。

10月

1日，“南方梦想——桂林山水油画作品展”开幕。

1日，推出“瓯骆学堂：国庆节公益研学课”。

1—2日，推出国庆特别活动——“最爱中国红”国庆挂饰DIY活动。

2日，推出国庆特别活动——云游“广西红色标语展”。

8日，柬埔寨青年干部一行到馆参观。

11日，开展“同心共筑强国梦　砥砺奋进新征程”主题党日活动。

12日，“行走的博物馆”文旅融合项目获评“2022全国十佳文化遗产旅游案例”。

13日，推出第一期专家导赏活动。

17日，完成原文物商店店藏6335件（套）瓷器的鉴选，入藏文物126件（套）、资料49件（套）。

20日，广西民族大学科技史与科技文化研究院师生到馆交流。

21日，推出“瓯骆学堂：重阳节公益研学课”。

22日，推出第二期专家导赏活动。

23日，获2022年度自治区文化和旅游厅事业单位集体嘉奖。

25日，自治区文化和旅游厅组织专家开展馆藏革命文物定级工作。

25日，开展“弘扬丝路精神　坚定文化自信　立足岗位作贡献”联学联建主题党日活动。

28日，举办秋季古籍线装装订体验亲子专场活动。

29日，推出第三期专家导赏活动。

11月

1日，李世佳主持的课题《广西博物馆馆藏古代海上丝绸之路文物资料的整理与研究》获广西哲学社会科学研究课题立项。

4日，全国政协常委、民建中央专职副主席李世杰一行到馆参观。

4日，“图会前贤——馆藏明清文人画家作品陈列”“亦器亦趣——馆藏文房用具陈列”“万卷·书生——馆藏古籍陈列”常设展览开幕。

5日，推出第四期专家导赏活动。

5日，举办“瓯骆讲堂”第五期“文人画与诗书画印”讲座，主讲专家为广西艺术学院李永强教授。

5日，推出“瓯骆学堂：初识文人画”研学课。

7日，推出“当我穿越到古人的朋友圈”打卡活动。

10日，中国科协青少年科技中心主任辛兵到馆参观。

10日，广西博物馆第一个收费特展“大河文明”展开幕。

10日，李世佳主持的课题《广西博物馆馆藏古代海上丝绸之路文物资料的整理与研究》获广西哲学社会科学研究课题青年项目立项。

11日，推出第五期专家导赏活动。

11日，推出沉浸体验传统古籍修复非遗技艺特色原创设计活动，设计独具特色的古籍文创产品。

12日，举办“瓯骆讲堂”第六期“古代西亚地区多民族的交流与融合”，主讲专家为广西师范大学副教授杨韶杰。

12日，推出“瓯骆学堂：古人读书有多讲究”研学课。

13日，完成“南方梦想——桂林山水油画作品展”中孟远烘等画家共计5幅油画的征集工作。

13日，印发《广西壮族自治区博物馆岗位竞聘实施办法（试行）》。

13日，印发《广西壮族自治区博物馆员工考勤打卡管理规定（试行）》。

16日，罗丽诗获第四届全国红色故事讲解员大赛专业组“优秀讲解员”荣誉。

18日，推出第六期专家导赏活动。

18日，“源桂流新　共绘文博——海报设计展”开幕。

18日，开展“博物馆奇妙夜”系列活动。

19日，推出“瓯骆学堂：古籍里的广西”研学课。

21日，召开2023年度第二批岗位竞聘会。

25日，推出第七期专家导赏活动。

25日，举办“走近广西古籍和广西少数民族古籍”讲座，主讲专家为广西少数民族古籍保护研究中心主任韦如柱。

25日，在瓯骆书房开展“认识古籍——古籍装订体验活动”。

26日，推出“瓯骆学堂：釉彩斑斓”研学课。

28日，举行2023年度第五场公益性民间收藏文物鉴定咨询活动。

29日，官网上线了7个数字展览，分别是“广西古代文明陈列”“釉彩斑斓——馆藏瓷器陈列”“合浦启航——广西汉代海上丝绸之路”“匠心器韵——馆藏工艺珍品陈列”“图会前贤——馆藏明清文人画家作品陈列”“万卷·书生——馆藏古籍陈列”“亦器亦趣——馆藏文房用具陈列”。

30日，线上教育项目入选全国“大思政课”优质资源精品项目。

12月

3日，开展“传承革命精神　赓续红色血脉”主题党日活动。

6日，与自治区少数民族古籍保护研究中心、广西民族出版社举行“书香八桂　典映中华”合作共建签约揭牌仪式。

7日，召开理论学习中心组2023年第四季度集中学习会议。

10日，推出第八期专家导赏活动。

12日，自治区政协副主席刘咏梅到馆参观调研。

15日，“和谐之道——《国家地理》杂志镜头中的经典自然影像”展览开幕。

16日，推出第九期专家导赏活动。

18日，修订并印发《广西壮族自治区博物馆中层干部选拔任用和监督管理办法（试行）》。

20日，与广西社会主义学院共建中华文化现场教学基地。

20日，《馆藏清代瓷器文物保护修复项目》《馆藏书画文物保护修复项目》通过自治区文化和旅游厅组织的专家评审，顺利结项。

21日，“中国—东南亚铜鼓”系列丛书印尼卷、泰国卷新书首发式暨东南亚铜鼓研究座谈会在瓯骆书房举行。

22日，赴南宁市玉兰路小学开展“行走的思政课”现场教学活动。

23日，举办“认识古籍”——古籍修复体验活动。

24日，推出红色情景剧《一颗银扣子》。

26日，翔鹭迎春系列南珠饰品套装荣获2023年“南宁礼物”征集大赛银奖，古壮字系列文创产品荣获优秀奖。

26日，召开2023年第四季度党员大会。

28日，举办“大河文明”展配套讲座“古代西亚地区的宗教信仰”，主讲专家为广西师范大学副教授杨韶杰。

29日，印发《广西壮族自治区博物馆关于调整内设机构设置的通知》。

29日，重新设置13个部门，分别是：办公室、人力资源部、财务部、党群工作部、安全和后勤保障部、开发运营部、网络和信息中心、藏品管理和展览部、藏品征集部（文物鉴定研究中心）、文物交流和科研管理部、社会教育部、文物科技保护中心、广西古代海上丝绸之路研究中心。

29日，召开2023年度全馆总结大会。

30日，“鼓动八桂　声震九州——广西古代铜鼓文化数字化陈列”开幕。

2024年

1月

1日，广西博物馆小程序门户上线。

1日，推出“瓯骆学堂：我们的节日——元旦”主题研学课。

1日，开启全年儿童考古探秘馆与青少年活动中心日常运营与教育课程实施。

9日，印发《广西壮族自治区博物馆2024年工作计划和工作要点》。

12日，召开中层干部公开竞聘大会。

19日，推出AR眼镜智慧导览。

22日，韦露莎及志愿者杨诗雨获首届“博协杯”全国博物馆讲解大赛广西选拔赛一等奖。

23日，开展寒假短期志愿服务项目培训。

24日，举办2024年广西国家二、三级博物馆馆长培训班。

24日，启动内设机构调整后的全体员工岗位竞聘工作。

29日，举办迎新春团拜会。

30日，推出手语导览服务。

30日，中层以上干部前往南宁监狱开展警示教育活动。

2月

2日，“龙行中华——甲辰龙年生肖文物大联展”开幕。

4日，“文创·二十四节气”线上营销项目启动。

6日，馆领导开展春节前走访慰问活动。

7日，自治区文化和旅游厅博物馆与文物安全处处长吴伟镔到馆进行春节前消防安全检查。

7日，推出“瓯骆学堂：我们的节日——春节”主题研学课。

10—17日，面向公众开展春节假期主题活动。

21日，官网上线“鼓动八桂　声震九州——广西古代铜鼓文化数字化陈列”数字展览。

21日，开展“文创工坊”体验活动。

24日，开展“瓯骆学堂：我们的节日——元宵”主题研学课。

24日，面向公众开展元宵主题活动。

28日，2024年寒假短期志愿者服务项目完成。

3月

5日，参加“党旗领航　志愿同行”区直机关2024年学雷锋志愿服务联展活动。

5日，召开2023年度领导班子和领导干部年度考核测评会。

9日，开展妇女节“琳琅宝石”主题研学课。

15日，印发《广西壮族自治区博物馆领导班子贯彻落实“三重一大”事项集体决策制度实施办法》和《广西壮族自治区博物馆财务管理暂行办法》。

18日，印发《广西壮族自治区博物馆学术委员会章程（2024年修订版）》。

19日，与广西艺术学院马克思主义学院共建“大思政课”实践教育基地。

21日，举行2024年度首场民间收藏文物公益性鉴定咨询活动（书画类专场）。

22日，召开馆藏革命文物保护修复项目实施方案专家论证会。

28日，与接力出版社达成跨界合作。

29日，第六届学术委员会换届完成。

29日，召开第一季度党员大会和2023年度党支部书记抓党建工作现场述职评议会。

4月

1日，韦露莎和杨诗雨分别获首届“博协杯”全国博物馆讲解大赛专业组二等奖、志愿者组三等奖。

1—3日，赴南宁市逸夫小学、桂雅路小学、天桃实验学校开展博物馆“大思政课”+非遗木偶戏进校园清明主题课堂。

2日，召开2024年度第一批岗位竞聘会。

3日，在职党员到南宁市人民公园革命烈士纪念碑前开展“缅怀革命先烈　赓续红色血脉”主题党日活动。

4日，开展“瓯骆学堂：我们的节日——清明”主题研学课。

8日，“桂宝”系列卡通IP首次走进幼儿园。

9日，成功举办2024年春尚大典活动。

9日，萧潇在深圳航空2024年西南区专场直播中向万千网友推介广西博物馆。

10日，修订并印发《广西壮族自治区博物馆在职人员攻读学位管理办法（试行）》。

11日，“守护‘蜥’望”儿童画展开幕。

11日，开展“家乡的三月三”主题研学课。

11—14日，广西“三月三”假期接待浙江、广东、黑龙江、西藏、宁夏等地领导到馆参观考察，假期日均接待观众超万人次。

18日，馆藏金属、陶瓷、书画、玉石、拓片、古籍等6个文物保护修复方案通过自治区文化和旅游厅组织的专家评审。

18日，韦江馆长参加中俄音乐博物馆线上会议。

19日，自治区党委常委、统战部部长王心富到馆调研考察。

22日，自治区党委常委、秘书长周异决到馆调研考察。

23日，在瓯骆书房开展“来读书吧”系列主题活动。

25日，开展“广西古代文明陈列”专家导赏活动。

26日，召开2024年党的工作暨党风廉政建设和意识形态工作会议。

26日，召开党纪学习教育工作会议暨党委（扩大）读书班。

26日，平陆运河配套宣教设施展陈规划方案专家评审会在广西博物馆召开。

28日，在职党员及中层干部参观“4·15全民国家安全教育日主题展览”，开展“国家安全　人人有责”主题党日活动。

30日，召开党委（扩大）党纪学习教育读书班。

30日，印发《广西壮族自治区博物馆陈列展览委员会章程（试行）》和《广西壮族自治区博物馆展览项目工作指南》。

附录

广西壮族自治区博物馆获得重要奖项情况（2014—2024年）

（1）团体荣誉奖项一览表

序号	活动/荣誉名称	获奖等级	获奖团体	授予单位	授予时间
1	基本陈列“瓷美如花——馆藏瓷器精品展”获第十一届（2013年度）全国博物馆十大陈列展览精品优胜奖	省部级	广西壮族自治区博物馆	中国博物馆协会、中国文物报社	2014.5
2	2014年度全区文化系统宣传信息工作先进单位	市厅级	广西壮族自治区博物馆	自治区文化厅	2015.5
3	2015年度自治区文化厅直属优秀单位	市厅级	广西壮族自治区博物馆	自治区文化厅	2016.2
4	《广西壮族自治区博物馆“国际博物馆日”主题学术研讨会论文集》在广西博物馆协会第一届优秀学术成果评选中被评为“广西文博优秀学术成果（著作类）”	市厅级	广西壮族自治区博物馆	自治区文化厅、广西博物馆协会	2016.3
5	“广西人的抗战——纪念中国人民抗日战争暨世界反法西斯战争胜利70周年展览”在第一届全区博物馆十大陈列展览精品评选中获精品奖	市厅级	广西壮族自治区博物馆	自治区文化厅、广西博物馆协会	2016.5
6	2014—2015年综治及平安建设工作先进单位	县处级	广西壮族自治区博物馆	中共南宁市青秀区委员会、南宁市青秀区人民政府	2016.5
7	文创产品双凤时尚藤编手提包在“让文物活起来——全国文博单位文化创意产品联展”获“最受欢迎文创产品奖”	其他	广西壮族自治区博物馆	中国博物馆协会	2016.6

续表

序号	活动/荣誉名称	获奖等级	获奖团体	授予单位	授予时间
8	自治区文明单位	市厅级	广西壮族自治区博物馆	自治区精神文明建设委员会	2016.12
9	在第一届“中国知网杯”文博知识网上答题活动中获优秀组织奖	其他	广西壮族自治区博物馆	广西博物馆协会、同方知网（北京）技术有限公司广西分公司	2016.12
10	骆越系列文创产品获2016年广西文化创意产品设计大赛优秀创意奖	市厅级	广西壮族自治区博物馆	自治区文化厅、自治区旅游发展委员会	2016.12
11	第一次全国可移动文物普查先进集体	省部级	广西壮族自治区博物馆	国务院第一次全国可移动文物普查领导小组办公室、国家文物局	2017.3
12	2017中国—东盟博览会文化展文化创新奖	其他	广西壮族自治区博物馆	中国—东盟博览会秘书处	2017.4
13	2016年度广西五四红旗团支部（总支）	市厅级	广西壮族自治区博物馆团支部	共青团广西区委	2017.5
14	“瓯骆学堂”教育项目获全区博物馆2016—2017年度社会教育品牌“十佳品牌”称号	市厅级	广西壮族自治区博物馆	自治区文化厅、广西博物馆协会	2017.5
15	“馆长说宝”教育项目获全区博物馆2016—2017年度社会教育品牌“十佳品牌”称号	市厅级	广西壮族自治区博物馆	自治区文化厅、广西博物馆协会	2017.5
16	2015—2016年度全区文化信息工作先进单位	市厅级	广西壮族自治区博物馆	自治区文化厅办公室	2017.6
17	2016—2017年度区直文化系列先进基层党组织	市厅级	广西壮族自治区博物馆党总支部	中共广西壮族自治区文化厅党组	2017.6
18	社教课程“唱响家乡‘三月三’”在2015—2017年度中国博物馆青少年教育课程优秀案例推荐展示活动中获评十佳教学设计	其他	广西壮族自治区博物馆	中国博物馆协会	2017.11

续表

序号	活动/荣誉名称	获奖等级	获奖团体	授予单位	授予时间
19	社教课程“铜鼓之美”在2015—2017年度中国博物馆青少年教育课程优秀案例推荐展示活动中获评优秀教学设计	其他	广西壮族自治区博物馆	中国博物馆协会	2017.11
20	在2018年“广西特色博物馆”评比中获社会教育特色奖	市厅级	广西壮族自治区博物馆	自治区文化厅、广西博物馆协会	2018.5
21	广西壮族自治区服务业品牌	市厅级	广西壮族自治区博物馆	广西实施质量强国战略工作领导小组办、广西发展改革委、广西质监局、广西商务厅	2018.10
22	“瓯骆学堂”青少年历史文化公益课堂荣获2018年广西志愿服务项目大赛金奖	市厅级	广西壮族自治区博物馆	自治区文明办、广西志愿服务联合会、共青团广西区委、自治区民政厅	2018.10
23	广西文化艺术奖——“八桂文化艺术奖”先进集体	市厅级	广西壮族自治区博物馆	自治区文化和旅游厅、自治区文学艺术界联合会	2018.12
24	珐琅彩百花纹系列文创产品在2018年广西文化创意产品设计大赛中获一等奖	市厅级	广西壮族自治区博物馆	自治区文化和旅游厅、自治区教育厅、自治区科技厅、自治区国资委等	2018.12
25	“中泰文化交流优秀参展单位”称号	其他	广西壮族自治区博物馆	曼谷中国文化中心	2019.1
26	2018年全国学雷锋志愿服务“四个100”最佳志愿服务组织	其他	广西壮族自治区博物馆	全国宣传推选学雷锋志愿服务“四个100”先进典型活动组委会	2019.2
27	青花缠枝莲纹系列文创产品获2019年广西“十佳文创精品奖”	市厅级	广西壮族自治区博物馆	自治区文化和旅游厅、广西博物馆协会	2019.5
28	“享文化·乐旅途——广西文创精品进景区”单位	市厅级	广西壮族自治区博物馆	自治区文化和旅游厅	2019.5

续表

序号	活动/荣誉名称	获奖等级	获奖团体	授予单位	授予时间
29	2018—2019年度区直文化旅游系统先进基层党组织	市厅级	广西壮族自治区博物馆第三党支部	中共广西壮族自治区文化和旅游厅党组	2019.6
30	骆越风韵·瑶民起义口号系列文创产品被遴选为全国优秀红色旅游文创产品	省部级	广西壮族自治区博物馆	中国旅游协会	2019.10
31	在2019年山东国际文物保护装备博览会中获“最佳创意展示奖”“优秀组织奖”	其他	广西壮族自治区博物馆	国际文物保护装备博览会组委会	2019.11
32	在第四届吉林雪博会暨第二十三届长春冰雪节中获“最佳展示”称号	市厅级	广西壮族自治区博物馆	吉林省文化和旅游厅	2019.12
33	区直文化旅游系统“读原著、学原文、悟原理”主题征文比赛优秀组织奖	市厅级	广西壮族自治区博物馆	自治区文化和旅游厅	2020.8
34	“关爱农民工子女”历史文化志愿服务活动获2020年广西志愿服务项目大赛优秀奖	市厅级	广西壮族自治区博物馆	自治区精神文明建设委员会办公室、共青团广西壮族自治区委员会、自治区民政厅、广西志愿服务联合会	2020.9
35	研学旅行项目“跟着博物馆游广西”获最佳研学线路	其他	广西壮族自治区博物馆	中国博物馆协会	2020.11
36	在脱贫攻坚工作中作出重大贡献，记功	市厅级	广西壮族自治区博物馆	自治区文化和旅游厅	2020.12
37	国壮芳香化湿香囊系列、五彩壮锦系列文创产品获2020年“广西有礼”广西特色旅游商品创意设计大赛金奖	市厅级	广西壮族自治区博物馆	自治区文化和旅游厅	2020.12
38	区直文化旅游系统庆祝中国共产党成立100周年书法摄影短视频比赛优秀组织奖	市厅级	广西壮族自治区博物馆	中共广西壮族自治区文化和旅游厅直属机关委员会	2021.3

续表

序号	活动/荣誉名称	获奖等级	获奖团体	授予单位	授予时间
39	区直文化旅游系统“五四红旗团支部”	市厅级	广西壮族自治区博物馆团支部	共青团广西壮族自治区文化和旅游厅直属机关委员会	2021.5
40	文创产品四季美妆LDE镜子获2021年“广西有礼”广西特色旅游商品创意设计大赛金奖	其他	广西壮族自治区博物馆	“广西有礼”广西特色旅游商品创意设计大赛组委会	2021.9
41	研学旅行项目“跟着博物馆游广西”获评“2021全国文化遗产旅游百强案例”	其他	广西壮族自治区博物馆	中国文物学会、中国文物报社	2021.10
42	“喜迎二十大　强国复兴有我——青少年中华文物我来讲”优秀博物馆志愿服务推介项目	市厅级	广西壮族自治区博物馆	中央宣传部志愿服务促进中心、国家文物局博物馆与社会文物司	2022.9
43	“中华优秀传统文化、革命文化、社会主义先进文化专题实践教学基地”称号	市厅级	广西壮族自治区博物馆	教育部办公厅、国家文物局办公室	2022.9
44	研学旅行项目“跟着博物馆游广西”入选“全国文博社教百强案例”	其他	广西壮族自治区博物馆	中国文物学会、中国文物报社	2022.12
45	在第二届全国文化创意产品推介活动中荣获“全国文博百强文创产品单位”称号	其他	广西壮族自治区博物馆	中华文物交流协会、中国文物报社	2023.1
46	2022年度南宁市单位内部治安保卫工作先进集体	县处级	广西壮族自治区博物馆	南宁市公安局	2023.3
47	基本陈列“广西古代文明陈列”“合浦启航——广西汉代海上丝绸之路”获第二十届（2022年度）全国博物馆十大陈列展览精品特别奖	其他	广西壮族自治区博物馆	中国博物馆协会、中国文物报社	2023.5

续表

序号	活动/荣誉名称	获奖等级	获奖团体	授予单位	授予时间
48	“万卷 · 书生——馆藏古籍陈列”入选2023年度“弘扬中华优秀传统文化、培育社会主义核心价值观”主题展览推介项目名单	省部级	广西壮族自治区博物馆	国家文物局、中央精神文明建设办公室、中央网信办	2023.5
49	入选全国关心下一代党史国史教育基地	省部级	广西壮族自治区博物馆	中国关心下一代工作委员会	2023.5
50	文创产品瓯骆遗粹 · DIY掐丝珐琅画在第二届全国文化创意产品推介活动中获评“优胜文创产品”	其他	广西壮族自治区博物馆	中华文物交流协会、中国文物报、中国博物馆协会	2023.6
51	入选广西首批100个“文化旅游打卡点”	市厅级	广西壮族自治区博物馆	自治区文化和旅游厅	2023.7
52	文创产品十二面金珠系列首饰获2023年“广西有礼”特色旅游商品创意设计大赛银奖	市厅级	广西壮族自治区博物馆	自治区文化和旅游厅	2023.7
53	2023年“金牌导游说广西——我是广西山水体验官”文旅短视频创作大赛优秀组织奖	市厅级	广西壮族自治区博物馆	自治区文化和旅游厅	2023.9
54	“行走的广西博物馆”文旅融合项目获评“2022全国十佳文化遗产旅游案例”	其他	广西壮族自治区博物馆	中国文物学会、中国文物报社	2023.10
55	2022年度事业单位集体嘉奖	市厅级	广西壮族自治区博物馆	自治区文化和旅游厅	2023.10
56	“红旗漫卷壮乡——中国共产党在广西文物图片展线上展示”项目入选全国“大思政课”优质资源建设推广100个精品项目	省部级	广西壮族自治区博物馆	教育部、国家文物局	2023.11

（2）个人荣誉奖项一览表

序号	获奖项目	获奖等级	获奖者	授予单位	授予时间
1	文化部优秀专家		吴伟峰	文化部	2014.1
2	2013年度区直文化系统优秀共产党员		韦　江 唐剑玲 邱　莉	中共广西壮族自治区文化厅直属机关委员会	2014.6
3	“品味广西：2014广西少儿民族服饰大赛”活动优秀策划奖		邱　莉	自治区文化厅	2014.6
4	2014年广西爱国主义教育基地“金牌讲解员”大赛	一等奖	何乐思	自治区党委宣传部	2014.7
5	2014年广西爱国主义教育基地“金牌讲解员”大赛	二等奖	萧　潇	自治区党委宣传部	2014.7
6	文化系统“认真践行社会主义核心价值观”主题征文比赛	三等奖	黄　春	自治区文化厅	2014.11
7	2011—2013年度全区未成年人思想道德建设工作先进个人		黄　璐	自治区精神文明建设委员会	2014.12
8	“品味广西：2014美丽广西·和谐家园建设成就摄影大赛”活动优秀策划奖		邱　莉	自治区文化厅	2014.12
9	古籍普查先进个人		杜　宇	自治区古籍保护中心	2015.3
10	2015年“广西文博十佳讲解员”称号		罗丽诗	自治区文化厅	2015.5
11	2014年度全区文化系统宣传信息工作先进个人		邱　莉	自治区文化厅	2015.5
12	2014—2015年度区直文化系统优秀党务工作者		李兴齐	中共广西壮族自治区文化厅直属机关委员会	2015.6
13	2014—2015年度区直文化系统优秀共产党员		韦　江 李　霞 蓝韶昱 林　洁	中共广西壮族自治区文化厅直属机关委员会	2015.6

续表

序号	获奖项目	获奖等级	获奖者	授予单位	授予时间
14	2015年广西爱国主义教育基地讲解员大赛	二等奖	韦露莎	自治区党委宣传部	2015.7
15	2015年广西爱国主义教育基地讲解员大赛	三等奖	罗　丹	自治区党委宣传部	2015.7
16	广西文化名家暨“四个一批”人才		吴伟峰	自治区党委宣传部	2015.10
17	第10届中国—东盟文化论坛筹备组织工作表现优秀人员		罗丽诗	自治区文化厅	2015.10
18	“忠诚、爱岗、敬业”主题征文活动	优秀奖	叶　岚	自治区文化厅	2015.11
19	2016年全国科普讲解大赛广西选拔赛	二等奖	萧　潇	自治区科技厅	2016.5
20	2016年全国科普讲解大赛	优秀奖	萧　潇	科技部	2016.5
21	广西文博优秀成果（论文类）		蓝韶昱 蓝武芳 韦　玲 韦佳媚	自治区文化厅、广西博物馆协会	2016.5
22	2014—2016年度区直文化系统优秀党务工作者		唐剑玲	中共广西壮族自治区文化厅直属机关委员会	2016.7
23	2014—2016年度区直文化系统优秀共产党员		吴伟峰 经　辉 闫雪梅	中共广西壮族自治区文化厅直属机关委员会	2016.7
24	人口和计划生育先进个人		田红艳	中共南宁市青秀区委	2016.7
25	2016年广西爱国主义教育基地管理人员和讲解员提升综合能力专题培训班讲解员测试比赛	一等奖	李东壑	中共江西省委宣传部井冈山宣传干部培训中心	2016.7
26	区直文化系统“永远跟党走”庆祝中国共产党成立95周年演讲比赛	二等奖	黄　怡	自治区文化厅	2016.7

续表

序号	获奖项目	获奖等级	获奖者	授予单位	授予时间
27	区直机关“知党恩　跟党走”纪念建党95周年歌咏比赛通报表扬		罗　丹 罗丽诗 李　翔 李东鋆	自治区文化厅	2016.7
28	2016年度中国博物馆协会优秀通讯员		黄　璐	中国博物馆协会	2016.9
29	“我与中华古籍”广西征文比赛	三等奖	杜　宇	自治区古籍保护中心	2016.10
30	“学党史、知党恩、跟党走”主题征文活动	优秀奖	覃铭芳	自治区文化厅	2016.11
31	第11届中国—东盟文化论坛工作人员通报表扬		罗　征 闫雪梅 任　飞 罗丽诗 李　翔	自治区文化厅	2016.11
32	中国博物馆协会文创产品专业委员会2016年度工作先进个人		邱　莉	中国博物馆协会文创产品专业委员会	2016.11
33	2016年广西文化创意产品设计大赛（凤灯系列文创产品）	二等奖	邱　莉	自治区文化厅、自治区旅游发展委员会	2016.12
34	区直机关“两学一做”学习教育主题征文活动	三等奖	邱　莉	中共广西壮族自治区直属机关工作委员会	2016.12
35	2017年全国会计专业技术资格考试银榜	二等奖	唐建纲	财政部会计资格评价中心	2017.1
36	全区博物馆“十佳”讲解案例评选活动专业组“十佳”称号		黄　怡 韦露莎	广西博物馆协会	2017.3
37	2017年全国科普讲解大赛广西选拔赛	二等奖	黄　怡	自治区科技厅	2017.5
38	2017年全国科普讲解大赛	优秀奖	黄　怡	科技部办公厅	2017.6
39	全国文化遗产优秀图书		熊昭明	中国文物学会、中国文物报社	2017.6

续表

序号	获奖项目	获奖等级	获奖者	授予单位	授予时间
40	2016—2017年度区直文化系统优秀党务工作者		蒲忠泽	中共广西壮族自治区文化厅直属机关委员会	2017.6
41	2016—2017年度区直文化系统优秀共产党员		吴伟峰 闫雪梅 经 辉	中共广西壮族自治区文化厅直属机关委员会	2017.6
42	2017年美国《国家地理》全球摄影大赛中国赛区（含港澳地区）图片故事类	三等奖	黄嵩和	美国《国家地理》杂志	2017.10
43	第26届全国摄影艺术展览摄影作品入选（纪录类组照）		黄嵩和	中国摄影家协会	2017.11
44	左江花山岩画文化景观申报世界文化遗产工作嘉奖个人		陆文东	自治区文化厅、自治区人力资源和社会保障厅	2017.12
45	2017年文化产业创业创意人才扶持计划青年优秀创意作品征集活动入选文化产业创业创意人才库		邱 莉	中央文化管理干部学院	2018.4
46	2018年全国科普讲解大赛广西选拔赛	一等奖	韦露莎	自治区科技厅	2018.5
47	2018年全国科普讲解大赛	优秀奖	韦露莎	科技部办公厅	2018.6
48	2017—2018年度区直文化系统优秀共产党员		蓝韶昱 经 辉 黄智艺	中共广西壮族自治区文化厅直属机关委员会	2018.6
49	2017—2018年度区直文化系统优秀党务工作者		潘郁生	中共广西壮族自治区文化厅直属机关委员会	2018.6
50	“忠诚·干净·担当”主题征文	三等奖	黄 春	自治区文化厅	2018.7
51	广西第十五次社会科学优秀成果奖著作类成果	二等奖（第二作者）	蓝武芳	自治区人民政府	2018.9
52	左江花山岩画文化景观申报世界文化遗产二等功		赵晋凯	自治区文化厅	2018.9

续表

序号	获奖项目	获奖等级	获奖者	授予单位	授予时间
53	贝侬套杯荣获2018年广西文化创意产品设计大赛文创设计奖	三等奖	于明凤	自治区文化厅、自治区教育厅、自治区科技厅、自治区旅游发展委、自治区国资委、自治区新闻出版广电局、自治区二轻联社	2018.10
54	壮锦水桶包荣获2018年广西文化创意产品设计大赛文创设计奖	优秀奖	于明凤	自治区文化厅、自治区教育厅、自治区科技厅、自治区旅游发展委、自治区国资委、自治区新闻出版广电局、自治区二轻联社	2018.10
55	第13届中国—东盟文化论坛工作人员通报表扬		萧　潇 黄凤凤 韦露莎 于　静 文有玲 李　翔 邱　莉 黄　莹 严焕香 凌　莉 周　谅	自治区文化厅	2018.11
56	2015—2017年度中国博物馆青少年教育课程优秀案例推介展示活动“十佳”教学设计		黄　璐 罗　丹	中国博物馆协会	2018.11
57	2015—2017年度中国博物馆青少年教育课程优秀案例推介展示活动“优秀”教学设计		黄凤凤 文有玲	中国博物馆协会	2018.11
58	中国博物馆协会陈列艺术委员会第六届委员（2019—2022年）		蔡　荭	中国博物馆协会陈列艺术委员会	2018.11
59	2018年度“我与博物馆的故事”征文	三等奖	邱　莉 孙　力	广西博物馆协会、同方知网（北京）技术有限公司广西分公司	2018.12
60	广西壮族自治区成立60周年庆祝活动筹备工作人员荣誉		韦露莎	广西壮族自治区成立60周年庆祝活动筹备委员会办公室	2018.12

续表

序号	获奖项目	获奖等级	获奖者	授予单位	授予时间
61	2018年度南宁市单位内部治安保卫工作先进个人		邬小青	南宁市公安局	2019.3
62	2019年广西“十佳红色故事讲解员”评选	二等奖	萧　潇	自治区文化和旅游厅、广西博物馆协会	2019.5
63	2018—2019年度优秀共产党员		陆文东 黄智艺 林　洁	中共广西壮族自治区文化和旅游厅直属机关委员会	2019.6
64	第二届全国红色故事讲解员大赛暨“时代新人说我和祖国共成长”之薪火相传主题演讲赛广西选拔赛	三等奖	萧　潇 罗丽诗	自治区党委宣传部、自治区文化和旅游厅	2019.9
65	区直文化旅游系统事业单位工作人员记功		蓝韶昱 熊昭明	自治区文化和旅游厅	2019.10
66	区直文化旅游系统事业单位工作人员嘉奖		黄嵩和 朱圣林 李世佳 沈文杰 宋耀文 林　洁 唐柳青 黄凤凤 萧　潇 杨达毅 吴伟峰 经　辉 唐剑玲 黄　璐 覃铭芳 任竹梅 李　霞 李兴齐 李晓羽 陈　琦	自治区文化和旅游厅	2019.10

续表

序号	获奖项目	获奖等级	获奖者	授予单位	授予时间
67	庆祝中华人民共和国成立70周年“今日中国”大型专题展销会“优秀参展个人”称号		吴伟峰 邱　莉	曼谷中国文化中心	2019.10
68	2019牡丹奖·全球文化创意设计大赛（洛阳）——全民众创大赛	二等奖	黄嘉晨	河南省文化和旅游厅	2019.12
69	2019年广西会计学术年会论文	三等奖	唐建纲	广西会计学会	2019.12
70	教学成果奖	二等奖	梁　林	自治区人民政府	2020.4
71	全国珍稀濒危植物摄影大赛	银奖	黄嵩和	中国野生植物保护协会	2020.5
72	“优秀”文博研学课程（广西十佳文博研学案例评选推介活动）		黄　璐 罗丽诗 罗　丹 黄　怡	自治区文化和旅游厅、广西旅游协会、广西博物馆协会	2020.5
73	“十佳”文博研学路线		黄　璐 肖　君 于　静	自治区文化和旅游厅、广西旅游协会、广西博物馆协会	2020.5
74	自治区级治安保卫重点单位成绩突出个人		邬小青	自治区公安厅	2020.5
75	2019—2020年度区直文化旅游系统优秀共产党员		唐剑玲 吴　娱 沈文杰 经　辉 萧　潇	中共广西壮族自治区文化和旅游厅直属机关委员会	2020.6
76	国家社科基金西部项目	优秀奖	陈紫茹	全国哲学社会科学工作办公室	2020.7
77	“中国野生生物摄影年赛”作品入选		黄嵩和	《中国国家地理》杂志	2020.7

续表

序号	获奖项目	获奖等级	获奖者	授予单位	授予时间
78	区直文化旅游系统“读原著、学原文、悟原理”主题征文比赛	三等奖	吴　娱	自治区文化和旅游厅	2020.8
79	区直文化旅游系统“读原著、学原文、悟原理”主题征文比赛	三等奖	李晓羽	自治区文化和旅游厅	2020.8
80	第三届全国红色故事讲解员大赛广西选拔赛（专业组）	优胜奖	黄　怡	自治区党委宣传部、自治区文化和旅游厅	2020.8
81	区直文化旅游系统理论宣讲比赛暨“书香机关阅读圆梦”朗诵会比赛	三等奖	黄　怡	自治区文化和旅游厅	2020.8
82	中国博物馆协会文创产品专业委员会专家组专家		吴伟峰 邱　莉	中国博物馆协会文创产品专业委员会	2020.9
83	广西第十六次社会科学优秀成果奖著作类成果	三等奖	熊昭明	自治区人民政府	2020.11
84	“我喜爱的学习金句”学习习近平新时代中国特色社会主义思想体会征文	二等奖	黄智艺	自治区文化和旅游厅	2020.11
85	“我喜爱的学习金句”学习习近平新时代中国特色社会主义思想体会征文	三等奖	凌　莉	自治区文化和旅游厅	2020.11
86	2021年全区博物馆讲解大赛	三等奖	韦露莎	自治区文化和旅游厅、广西博物馆协会	2021.3
87	区直文化旅游系统庆祝中国共产党成立100周年书法摄影短视频比赛	二等奖	许　明 王　双 黄　璐 于　静	自治区文化和旅游厅	2021.3
88	区直文化旅游系统庆祝中国共产党成立100周年书法摄影短视频比赛	三等奖	邱　莉 席国芳 李　鑫	自治区文化和旅游厅	2021.3

续表

序号	获奖项目	获奖等级	获奖者	授予单位	授予时间
89	区直文化旅游系统优秀共青团干部		沈　婧	自治区文化和旅游厅	2021.5
90	2020—2021年度区直文化旅游系统优秀党务工作者		吴　娱 沈文杰	中共广西壮族自治区文化和旅游厅直属机关委员会	2021.6
91	2020—2021年度区直文化旅游系统优秀共产党员		陆文东 杨达毅	中共广西壮族自治区文化和旅游厅直属机关委员会	2021.6
92	“全国革命文物百佳讲述人”称号		萧　潇	国家文物局、中央广播电视总台、中央网信办	2021.6
93	全区文化和旅游系统2020年度优秀调研报告		张　弛 李　翔	自治区文化和旅游厅	2021.6
94	“党史故事大家讲”广西区直机关主题读书活动	优秀奖	谢　怡	自治区文化和旅游厅	2021.6
95	2021年度广西会计人才小高地课题项目	三等奖	唐建纲	广西会计人才小高地建设领导小组	2021.11
96	作品入选第28届全国摄影艺术展览		黄嵩和	中国摄影家协会	2021.11
97	第二届广西文化艺术奖·八桂文化艺术奖先进个人		潘　汁 黄　璐	自治区文化和旅游厅、自治区文学艺术界联合会	2021.12
98	2021年广西会计学术征文	三等奖	唐建纲	广西会计学会	2021.12
99	学习贯彻习近平总书记“七一”重要讲话精神“党员心声大家谈”暨“四史”学习教育主题征文比赛	优秀奖	黄智艺	自治区党委宣传部	2021.12
100	2020年度自治区文化和旅游厅事业单位工作人员记功		陆文东	自治区文化和旅游厅	2022.1

续表

序号	获奖项目	获奖等级	获奖者	授予单位	授予时间
101	2020年度自治区文化和旅游厅事业单位工作人员嘉奖		沈文杰 吴　娱 覃铭芳 李　霞 黄　璐 李晓羽 王　双 许　明 杨达毅 黄海荣 邬小青 张　弛 经　辉 黄秋雯 黄嵩和 黄慧光 唐建纲	自治区文化和旅游厅	2022.1
102	广西统一战线民主党派代表人士（2022—2024年）		蔡　莛	自治区党委统战部	2022.1
103	第二届普法大赛优秀奖	优秀奖	黄智艺	自治区人力资源和社会保障厅	2022.2
104	全区文化和旅游系统2021年度优秀调研报告		唐建纲 李树照	自治区文化和旅游厅	2022.2
105	全国青少年普法教育优秀辅导员		黄　璐	中国关工委、中央政法委、司法部、共青团中央、中国法学会	2022.3
106	入选2021年全国红色旅游五好讲解员培养项目		萧　潇	文化和旅游部办公厅	2022.3
107	2022年区直机关党员干部春节回乡调研报告	优秀奖	朱雅婷	自治区文化和旅游厅	2022.4
108	2019—2021年度广西十佳文博学术成果评选活动十佳文博学术成果		韦　玲 李欣妍	广西博物馆协会	2022.5

续表

序号	获奖项目	获奖等级	获奖者	授予单位	授予时间
109	2019—2021年度广西十佳文博学术成果评选活动优秀文博学术成果		蓝武芳 陈紫茹 韦佳媚 李　霞 李　翔 唐建纲	广西博物馆协会	2022.5
110	广西十佳科普读物大赛	一等奖	黄嵩和	自治区科技厅	2022.5
111	2021—2022年度区直文化旅游系统优秀党务工作者		许　明 吴　娱 邱　莉	中共广西壮族自治区文化和旅游厅直属机关委员会	2022.6
112	2021—2022年度区直文旅系统优秀共产党员		唐剑玲 李　霞 韦　玲	中共广西壮族自治区文化和旅游厅直属机关委员会	2022.6
113	2021年度南宁市单位内部治安保卫工作先进个人		邬小青	南宁市公安局	2022.6
114	2022年广西红色讲解员大赛	优秀奖	罗丽诗	自治区文化和旅游厅	2022.6
115	2022年广西红色故事讲解员大赛	三等奖	韦露莎	自治区文化和旅游厅	2022.6
116	2020—2021年度优秀基层组织工作者		蔡　荭	九三学社广西壮族自治区委员会	2022.6
117	第七届“中国科普作家协会优秀科普作品奖”科普图书类	银奖	黄嵩和	中国科普作家协会	2022.8
118	“喜迎党的二十大　我们的新时代”第四届“三月三”网络短视频大赛	一等奖	韦　江 黄　璐 罗　丹	广西壮族自治区广播电视局、内蒙古自治区广播电视局、西藏自治区广播电视局、宁夏回族自治区广播电视局、新疆维吾尔自治区广播电视局	2022.8

续表

序号	获奖项目	获奖等级	获奖者	授予单位	授予时间
119	2022年全区职业院校教师教学技能大赛课堂教学比赛——“导游讲解服务”	二等奖	唐柳青	自治区教育厅	2022.8
120	嘉兴市第二十七届哲学社会科学优秀成果论文类	二等奖	唐建纲	嘉兴市人民政府	2022.9
121	第14届“红铜鼓”中国—东盟艺术教育成果展演优秀论文		邱　莉	自治区文化和旅游厅、自治区教育厅	2022.9
122	广西第十七届社会科学优秀成果奖著作类成果	二等奖	李欣妍	自治区人民政府	2022.9
123	广西第十七届社会科学优秀成果奖研究报告类成果	三等奖	陈紫茹	自治区人民政府	2022.9
124	入选广西第一批红色旅游五好讲解员培养项目		罗丽诗	自治区文化和旅游厅	2022.10
125	“喜迎二十大　建功新时代”主题书法摄影短视频比赛	二等奖	席国芳 杨洪飞 杜　宇 黄嘉晨 陈紫茹	自治区文化和旅游厅	2022.10
126	“喜迎二十大　建功新时代”主题书法摄影短视频比赛	三等奖	李　鑫	自治区文化和旅游厅	2022.10
127	“喜迎二十大　建功新时代”主题书法摄影短视频比赛	优秀奖	许　明 黄智艺	自治区文化和旅游厅	2022.10
128	广西会计学会2022年度会计学术年会征文	三等奖	唐建纲	广西会计学会	2022.11
129	2022年江苏省研究生“社会变迁与文明进程：世界史与中国史的对话”学术创新论坛	三等奖	程　璐	江苏省哲史法类研究生教育指导委员会	2022.11

续表

序号	获奖项目	获奖等级	获奖者	授予单位	授予时间
130	2021年度自治区文化和旅游厅事业单位工作人员记功		韦　江 黄海荣	自治区文化和旅游厅	2022.12
131	2021年度自治区文化和旅游厅事业单位工作人员嘉奖		潘　汁 许　明 沈文杰 宋耀文 唐建纲 李世佳 经　辉 吴　娱 唐柳青 林　洁 蓝武芳 邱　莉 黄慧光 邬小青 张　弛 孙建设 何湘梅	自治区文化和旅游厅	2022.12
132	2022年南宁市职业教育教学成果等次	二等	唐柳青	南宁市人民政府	2023.1
133	2022年南宁市基础教育教学成果等次	二等	唐柳青	南宁市人民政府	2023.1
134	2022年度南宁市内部治安保卫工作先进个人		邬小青	南宁市公安局	2023.3
135	全区文化和旅游系统2022年度优秀调研报告		韦　玲 唐建纲	自治区文化和旅游厅	2023.4
136	新时代广西红色故事大赛	二等奖	罗丽诗 廖　钰	自治区文化和旅游厅	2023.4

续表

序号	获奖项目	获奖等级	获奖者	授予单位	授予时间
137	入选2023年全国红色旅游五好讲解员培养项目		罗丽诗	文化和旅游部	2023.5
138	老挝中国文化中心“茶和天下·雅集活动”工作人员荣誉		陆文东 唐柳青 严焕香 谭济功 黄嘉晨	老挝中国文化中心	2023.5
139	首届“最美文化遗产讲解员”推介活动“百佳文化遗产讲解员”“优秀文化遗产讲解员”		罗丽诗	中国文物学会、中国文物报社	2023.6
140	2022—2023年度区直文化旅游系统优秀党务工作者		苏兴周 吴　娱 邹　颖	中共广西壮族自治区文化和旅游厅直属机关委员会	2023.6
141	2022—2023年度区直文化旅游系统优秀共产党员		覃铭芳 邬小青	中共广西壮族自治区文化和旅游厅直属机关委员会	2023.6
142	长江流域博物馆联盟“首届青年学术论文征集活动”	三等奖	李欣妍	长江流域博物馆联盟	2023.7
143	2022年度广西会计人才小高地课题研究优秀成果	一等奖	唐建纲	广西会计人才小高地建设领导小组	2023.8
144	第十六届中华经典诵读大赛暨2023广西校园中华经典诵读大赛	一等奖	赵　丹 何浩东	自治区语言文字工作委员会、自治区教育厅	2023.10
145	第十六届中华经典诵读大赛暨2023广西校园中华经典诵读大赛优秀指导老师		黄　璐 唐柳青	自治区语言文字工作委员会、自治区教育厅	2023.10
146	2022年度自治区文化和旅游厅事业单位工作人员记功		陆文东 许　明	自治区文化和旅游厅	2023.10

续表

序号	获奖项目	获奖等级	获奖者	授予单位	授予时间
147	2022年度自治区文化和旅游厅事业单位工作人员嘉奖		吴　娱 黄　璐 沈文杰 李世佳 宋耀文 唐剑玲 覃铭芳 李晓羽 李　霞 唐建纲 黄海荣 经　辉 邬小青 陈　琦 黄秋雯 萧　潇 张佳琦 王　双 张　弛	自治区文化和旅游厅	2023.10
148	首届广西美术理论优秀成果奖		唐可星	广西美术家协会	2023.10
149	第四届全国红色故事讲解员大赛“优秀讲解员”		罗丽诗	中央宣传部、文化和旅游部	2023.11
150	第四届全国红色故事讲解员大赛先进个人通报		罗丽诗	中央宣传部、文化和旅游部	2023.11
151	区直文化旅游系统“文兴广西”书法摄影短视频比赛	一等奖	张　磊	自治区文化和旅游厅	2023.12
152	区直文化旅游系统“文兴广西”书法摄影短视频比赛	二等奖	黄　璐 萧　潇 于　静 李　鑫	自治区文化和旅游厅	2023.12
153	区直文化旅游系统“文兴广西”书法摄影短视频比赛	三等奖	韦佳媚 黄智艺	自治区文化和旅游厅	2023.12

续表

序号	获奖项目	获奖等级	获奖者	授予单位	授予时间
154	区直文化旅游系统“文兴广西”书法摄影短视频比赛	优秀奖	席国芳	自治区文化和旅游厅	2023.12
155	作品入选第29届全国摄影艺术展		黄嵩和	中国文学界艺术联合会、中国摄影家协会	2023.12
156	2023广西艺术作品展览——第六届广西摄影作品展览	优秀奖	黄嵩和	自治区人民政府	2023.12
157	首届“博协杯”全国博物馆讲解员大赛广西选拔推荐活动专业讲解员组	一等奖	韦露莎	广西博物馆协会	2024.1
158	2023年研学实践教育工作先进个人		黄　璐	广西中小学研学旅行学会	2024.1
159	第十一届广西文艺创作铜鼓奖		黄嵩和	自治区人民政府	2024.2
160	首届“博协杯”全国博物馆讲解大赛决赛	二等奖	韦露莎	中国博物馆协会	2024.4

广西壮族自治区博物馆接受捐赠文物名录（2014—2024年）（不完全统计）

序号	捐赠时间	捐赠文物名称	捐赠数量	捐赠方
1	2014.1	青花“荷塘秋韵”瓷瓶	1件	裴继刚
2	2014.3	1981—1982年使用的“广西壮族自治区人民政府”牌匾	1件	自治区人民政府办公厅
3	2014.3	乾隆十五年（1750年）造双兽钮铁钟	1件	唐传淼
4	2014.3	紫砂壶	1件	范红英
5	2014.3	竹节纹紫砂壶	1件	周新元
6	2014.3	瓜形紫砂壶	1件	范永军
7	2014.4	马万里刻“程万印信”、“戒惧”寿山石双面印等，符铁年题马万里印拓立轴等	108件（套）	马慧先
8	2014.4	竹段紫砂壶	1件	朱芊芊
9	2014.5	镶中越边界大界碑使用的“中华人民共和国国徽”等	4件	广西外事办
10	2014.6	粉彩“千里共婵娟”瓷板画	1件	胡建平
11	2014.6	“2013美丽广西港澳行”联谊酒会嘉宾签名版	2件	广西外事办
12	2014.9	太极八卦坭兴陶茶具及道德经坭兴陶葫芦瓶	2件	庞赋军
13	2014.9	黄岳逢制朱子家训坭兴陶瓶	1件	黄岳逢
14	2014.9	陈振泉行书“藏真”横幅	1件	陈振泉
15	2014.9	黄大业行书“博雅”横幅	1件	黄大业
16	2014.10	民国时期《中华民国总统副总统就任摄影》照	1件	黄达金
17	2014.10	中越边界广西段全图等	1批	广西外事办
18	2014.12	陈绍强水墨荷塘乐趣横幅等	2件	陈绍强

续表

序号	捐赠时间	捐赠文物名称	捐赠数量	捐赠方
19	2014.12	谭明彪绘山水扇形镜片	1件	谭明彪
20	2014.12	王建英制浅浮雕带纹流根紫砂壶	1件	王建英
21	2014.12	刘洪芬制折枝柄珠钮紫砂壶	1件	刘洪芬
22	2015.1	马万里花卉、草虫、书法遗稿及马慧先仿张大千自画像立轴	7件（套）	马腾蛟　马鸣岐
23	2015.3	呷绒翁都绘《格萨尔王》图	1件	呷绒翁都
24	2015.5	清代封建勋绘花鸟四条屏	1件（套）	封家骏　封佩玲 封佩琳　封佩群 封家骧　封家麟 封佩珊
25	2015.5	1950年贺军征粮工作优良的奖状	1件	贺晓静
26	2015.5	光绪二十三年（1897年）五道村韦老土当田契等	1批	韦嘉欣
27	2015.5	1949年7月桂北人民翻身队行动纲领等	11件	姚　蓝
28	2015.6	马慧先绘群芳竞艳图轴	1件	马鸣岐
29	2015.6	马慧先绘司马相如与卓文君图轴等	3件	马　源
30	2015.8	秦胜国行书中国梦立轴等	4件	秦胜国
31	2015.8	中国民间环球宣传团所制的第四十五届世界体操锦标赛南宁（中国）宣传旗帜	1件	曹大福
32	2015.9	1939年抗日战争时期使用的煮饭铜锅	1件	容可文
33	2015.9	抗日战争至解放战争时期使用的《最新绘图学生新字典》	2件	玉品刚
34	2015.9	1937年汉口市政府等赠予彭飞的抗日负伤荣誉纪念章	1件	彭桂花
35	2015.9	1948年4月国民政府颁发给杨春辉的荣哀状	1件	杨树松
36	2015.11	民国时期双系陶罐	1件	黄锡光
37	2015.11	民国时期蒙起鹏述《百年来的昆仑关》手写本	1件	张　燊

续表

序号	捐赠时间	捐赠文物名称	捐赠数量	捐赠方
38	2015.11	1947年国民政府颁发给叶森的荣哀状	1件	叶　强
39	2015.12	1952年12月1日《广西省人民政府教育厅、广西省人民政府文化事业管理局函》	1件	张谨国
40	2016.1	梁惠统、蒋晓东绘《伏虎司机》连环画等	18件	姚嘉康
41	2016.1	封雄强绘画作品	356件（套）	封雄强
42	2016.5	灯具	1批	唐传淼
43	2016.6	20世纪20年代英国产罗宾汉牌自行车等	7件	何海清
44	2017.7	台湾花莲县连美惠“状太锦”	1件	连美惠
45	2017.7	飞龙在天提梁壶	1件	钟昆廷　刘　俭
46	2017.7	三足双耳坭兴陶鼎	1件	刘　俭　钟　毅
47	2017.7	童趣提梁坭兴陶壶	1件	钟昆廷　刘　俭 钟恒星　张顺秀
48	2017.7	阿妈与妮妹坭兴陶摆件	1件	李　燕　李　莉 郭　卉　陈晓玮
49	2017.7	抗日英雄邬克亮画像	1件	侯建玲
50	2017.8	周策横书法作品	21件	周建虎　周元元
51	2017.10	马腾蛟绘书画作品	10件	马腾蛟
52	2017.10	1956年中南美专招生委员会审查报名材料的通知等	2件	苏　静
53	2017.12	万象更新紫砂壶	1件	沈翠莲
54	2018.2	罗氏兄弟油画欢天喜地庆华诞	1件	罗卫东　罗卫国 罗卫兵
55	2018.4	战国铁铤三棱铜镞等	7件	陆干斌
56	2018.6	周策横书法作品	12件（套）	周建虎　周元元
57	2018.10	柿事如意紫砂壶	1件	周海英

续表

序号	捐赠时间	捐赠文物名称	捐赠数量	捐赠方
58	2018.12	20世纪50年代的炮仗机	1件	刘群英
59	2019.7	朱达章革命烈士证书等	6件（套）	熊铁林
60	2019.9	梅连季耶夫·安东绘油画《收获》	1件	柳泽溪
61	2020.4	唐苏宁绘国画《抗疫前线》	1件	唐苏宁
62	2020.5	张富军绘国画《最美逆行者》	1件	张富军
63	2020.6	向广西支援湖北医护人员致敬纪念版绣球	1件	自治区防疫指挥部
64	2020.6	援鄂医疗队员纪念绣球	1件	李周伟
65	2020.6	援鄂医疗队员李周伟往返武汉登机牌、纪念机票	1件（套）	李周伟
66	2020.6	第一批援鄂医疗队员李周伟手写诗歌《疫尽去》	1件（套）	李周伟
67	2020.6	援鄂医疗队员滕春玲抗疫期间穿的护士服	1套	滕春玲
68	2020.9	广西医科大学一附院感染性疾病科副主任万裴琦援鄂出征服	1件	万裴琪
69	2020.9	抗疫荣誉证书	1件	覃雪军
70	2020.9	自治区人民医院重症医学科全体医护人员请战书	1件	自治区人民医院
71	2020.9	自治区人民医院一线医疗队队员潘洪峰援鄂凯旋时女儿赠其的绘画	1件	潘洪峰
72	2020.9	自治区人民医院援鄂医疗队队员韩林援鄂凯旋时儿子赠其的手绘贺卡	1件	韩　林
73	2020.9	自治区人民医院援鄂医疗队队员周小舟收到的家信	1件	周小舟
74	2020.9	自治区人民医院援鄂医疗队队员韩林援鄂期间写的家书	1件	韩　林
75	2020.9	感染新冠病毒康复患者写给自治区人民医院一分院的感谢信	1件	自治区人民医院

续表

序号	捐赠时间	捐赠文物名称	捐赠数量	捐赠方
76	2020.9	感染新冠病毒康复患者写给自治区人民医院的感谢信	1件	自治区人民医院
77	2020.9	“广西小汤山医院”一线人员火线入党誓词签名	1件	自治区人民医院
78	2020.9	自治区人民医院张国医生援鄂请战书	1件	张　国
79	2020.9	自治区人民医院庞静医生援鄂归邕期间写的感言	1件	庞　静
80	2020.9	自治区人民医院蒙雪晶医生丈夫在出征前写的贺卡和信	1件	蒙雪晶
81	2020.9	自治区人民医院秦志强医生抗击新冠疫情期间的日记	1件	秦志强
82	2020.9	自治区人民医院冉果医生家庭荣获广西抗疫“最美家庭”荣誉证书	1件	冉　果
83	2020.9	武汉市委赠自治区人民医院罗凌抗击新冠疫情纪念牌	1件	罗　凌
84	2020.9	自治区人民医院农向阳医生获得的广西驻京转运入境人员工作荣誉证书	1件	农向阳
85	2020.9	自治区人民医院王浩宇医生获得的广西驻京转运入境人员工作荣誉证书	1件	王浩宇
86	2020.9	武汉康复患者赠给自治区人民医院邕武医院的锦旗	1件	自治区人民医院
87	2020.9	邕武医院一线医护人员签名防护服	1套	自治区人民医院
88	2020.9	抗疫期间医护人员防护用品	1件	自治区人民医院
89	2020.9	“广西小汤山医院”医护人员签名T恤	1件	自治区人民医院
90	2020.9	自治区人民医院抗击新冠疫情驰援武汉医疗队队旗	1件	自治区人民医院
91	2020.9	自治区人民医院支援东兴边境抗疫医疗队出征旗	1件	自治区人民医院
92	2020.9	中国抗疫医疗专家组支援柬埔寨出征旗	1件	自治区人民医院

续表

序号	捐赠时间	捐赠文物名称	捐赠数量	捐赠方
93	2020.9	自治区人民医院战疫青年突击队旗	1件	自治区人民医院
94	2020.9	尚新周绘国画《仁心英雄》	1件	尚新周
95	2020.9	卢定山抗疫隶书书法	1件	卢定山
96	2020.9	卢定山行书《郭沫若词满江红在广西博物馆见大量铜鼓陈列》	1件	卢定山
97	2020.9	广西公路发展中心捐赠的抗疫相关资料	1件（套）	广西公路发展中心
98	2020.9	新冠疫情期间黄启善保利龙腾上园临时出入证	1件	黄启善
99	2020.9	疫情防控工作领导小组指挥部车证	1件	姚金凤
100	2020.9	《侨务工作研究》	1件	统战部
101	2020.9	富川县抗疫执勤袖章	1件	广西公路发展中心
102	2020.9	朱封日绘国画《青山——道同云雨》	1件	朱封日
103	2020.9	韦春苗绘国画《共赴国难》	1件	韦春苗
104	2020.9	自治区文化和旅游厅党员捐款收据和清单	1件（套）	自治区文化和旅游厅
105	2020.11	吾茶吾器茶具	1件（套）	广西吾茶空间投资管理有限公司
106	2020.11	逆行者抗疫英雄坭兴陶摆件	1件（套）	李英姿
107	2021.1	大红酸枝制方杆带屉小博古柜	1件（套）	吴华新　吴淳皓
108	2021.2	对越自卫还击战时步兵第四百八十六团特务连刘建军拾到的越南纸币10盾	1件	刘建军
109	2021.2	对越自卫还击战时步兵第四百八十六团七连八班付智慧拾到的越南纸币10盾、5盾	1件/套	付智慧
110	2021.2	1979年中共陆军第五十四军委员会出征动员令	1件	李青月
111	2021.2	对越自卫还击战时通讯连出征留政治实力统计表	1件	李青月

续表

序号	捐赠时间	捐赠文物名称	捐赠数量	捐赠方
112	2021.2	对越自卫还击战时《对敌喊话》学习材料	1件	李青月
113	2021.2	对越自卫还击战时部队沿途教育参考材料	1件	彭仕荃
114	2021.2	对越自卫还击战时学习材料《越南社会简论》	1件	彭仕荃
115	2021.2	对越自卫还击战时步兵第四百八十六团二营机枪连班长向觉健写的工作日记	1件	向觉健
116	2021.2	1979年广西革委会赠予参战战士的纪念背心	1件	向觉健
117	2021.2	对越自卫还击战时步兵第四百八十六团八连副连长杨龙炳穿过的高腰钢板解放鞋	1双	杨龙炳
118	2021.2	1979年中央慰问团赠予的慰问纪念搪瓷杯	1件	荣文茂
119	2021.2	对越自卫还击战时步兵第四百八十六团一炮连冯书林使用的针线包	1件	冯书林
120	2021.2	对越自卫还击战时步兵第四百八十六团通信连王彦领缴获的越军吊床	1件	王彦领
121	2021.2	2019年纪念对越自卫还击战胜利四十周年纪念章	1件	荣文茂
122	2021.2	对越自卫还击战时步兵第四百八十六团三营机枪连指导员彭仕荃受伤后取出的弹片	1件	彭仕荃
123	2021.2	对越自卫还击战时步兵第四百八十六团二营机枪连班长向觉健用子弹箱改装的重机枪晚间训练发电机	1件	向觉健
124	2021.2	1950年向都县人民政府公粮收据	1件	隆永恒　隆梦西
125	2021.3	自贡市山水纹竹编粪扇	1件	黄嵩和　曾　冰
126	2021.3	抗疫书法作品	1件（套）	潘立远

续表

序号	捐赠时间	捐赠文物名称	捐赠数量	捐赠方
127	2021.5	吕光远书法作品	2件（套）	吕光远
128	2021.5	心经坭兴陶等	2件	王　胤
129	2021.5	南宁市第一人民医院尹家瑜入党申请书等	1批	南宁市第一人民医院
130	2021.5	广西国际壮医院支援武汉时所穿的冲锋衣等	1批	广西国际壮医院
131	2021.8	康强绘国画《醉瑶乡》等	3件	康　强
132	2021.10	鼓声悠远坭兴陶壶	1件	黄　剑
133	2021.11	北京2022年冬奥组委会特许商品“东奥瑞琮”	1件	北京华信文投文化艺术有限责任公司
134	2022.8	民国时期冯建勋绘花碟立轴	1件	周　林　封　平
135	2022.8	民国时期冯建勋绘花鸟立轴	1件	方宁知　冯家骦 冯家骞
136	2022.8	1932年郭右基、杨芝玉结婚证书	1件	冯忠娜　郭维策 覃　朗　郭　茵 冯忠慈　郭　洁 覃　明　冯忠厚 覃洁莉
137	2023.5	秦天绘国画《欢送歌》等	3件	秦　天
138	2023.6	张冬峰绘油画《乡韵》	1件	张冬峰
139	2023.6	何光绘油画《老街》	1件	何　光
140	2023.6	文瑶绘油画《暖山》	1件	文　瑶
141	2023.6	龙建辉绘油画《福溪村No.18》	1件	龙建辉
142	2023.6	陆虹江绘油画《遇龙河——景》	1件	陆虹江
143	2023.6	叶春慧绘油画《潮退渔船搁岸斜 · 2》	1件	叶春慧
144	2023.6	黄光良绘油画《桥的故事No.17》风雨	1件	黄光良
145	2023.6	庞凌宇绘油画《侗寨秋韵》	1件	庞凌宇
146	2023.6	郭土绘油画《城南》	1件	郭　土

续表

序号	捐赠时间	捐赠文物名称	捐赠数量	捐赠方
147	2023.6	孟远烘绘油画《清漓雨意图》	1件	孟远烘
148	2023.6	唐华绘油画《游园系列6》	1件	唐　华
149	2023.6	张远山绘油画《印象青砖》	1件	张远山
150	2023.6	黄勇刚绘油画《玉米地》	1件	黄勇刚
151	2023.6	谢克安绘油画《龙卷风》	1件	谢克安
152	2023.11	谢克安绘油画《大桂林——明仕的山01》	1件	谢克安
153	2023.11	孟远烘绘油画《遇龙河春晨1》	1件	孟远烘
154	2023.11	黄少鹏绘油画《方竹山下》	1件	黄少鹏
155	2023.11	廖有才绘油画《有切割痕的奇石》	1件	廖有才
156	2023.11	吴志军绘油画《雁山园小景》	1件	吴志军
157	2024.4	1951年玉林县新桥区养心乡政府颁发给麦武才的“光荣之家”木匾	1件	麦玉鸣

广西壮族自治区博物馆员工名录（2014—2024年）

馆领导

韦 江 苏兴周 陆文东 唐剑玲 潘 汁

退休

吴伟峰 梁 林

调动

林 峰 陶少艺 周 敏 罗 征 赵晋凯 熊昭明

办公室

许 明 林 洁 陆建秋 周 谅 黄 念 韦露莎 黄嘉晨 朱雅婷 周志方

人力资源部

覃铭芳 田红艳 屈小圆

财务部

唐建纲 龚丽梅 罗 航 叶 岚 翁梅乐

党群工作部

黄智艺 杨达毅 孙 力 张素霞

安全和后勤保障部

宋耀文　任　飞　和　炜　孙建设　兰佩良　蒋鸣镝　马　骅　李宗泰　李邕涛
韦宜聪　杨　涛　覃珊锋　黄武宁　邬　龙　刘　军

开发运营部

黄　璐　黄　莹　罗　丹　谭济功

网络和信息中心

邬小青　李晓羽　潘康哲　席国芳　邱　莉　邹　颖　谢　怡　刘　韬　宋金明

藏品管理和展览部

李　霞　黄　春　黄海荣　黄慧光　曾　虹　韦加军　张　磊　王　双　黄嵩和
张　弛　沈　婧　张佳琦　曾　旭　刘　涛　邓　诗　崔小洁　高梦然

藏品征集部（文物鉴定研究中心）

何湘梅　方凯彦　罗宏筝　蒲彦明　李佳霖

文物交流和科研管理部

沈文杰　韦　玲　朱圣林　蔡　荭　蓝武芳　黄秋雯　李欣妍

社会教育部

吴　娱　萧　潇　唐柳青　罗丽诗　于　静　魏素芬　李　鑫　廖　钰　文　芊

李佳星　梁嘉琦　何浩东　赵　丹

文物科技保护中心

经　辉　黄献源　李程飞　蓝明明　李永春　陈　琦　韦佳媚　任竹梅　廖林灵
凌　莉　韦　肖　杨洪飞　杜　宇

广西古代海上丝绸之路研究中心

李世佳　严焕香　程　璐　唐可星

退休

杜锡平　吴新凤　蒙顺安　张千红　刘桂荣　农美玲　杨德伟　秦燕妮　谈湘宁
陈永平　方　玲　邓任生　夏　青　傅广宁　李善华　刘艳姣　蓝之强　李兴齐
云　霞　王　浩　宁　晓　梁广平　肖　君　谭增义　邱　明　李爱玲

调动

黄　菊　闫雪梅　陈紫茹

辞职或解除合同

谭　莹　陈纯清　李旭鸿　王　茜　欧阳立　周凌有　莫黄燕　候昱彤　黎明明
陈带娣　韦　健　李　蓓　李东壑　黄莉婷　韩方家　韦素兰　陆宇鹏　覃玲美
何乐思　章维亚　于明凤　江　帆　林　霖　李春连　马晓冰　李　佳　蓝韶昱
李树照　李　翔　黄　怡　庞佳欣　黄凤凤　文有玲

其他

党春宁　陆三良　王　萍　李　兴

后记

2024年，时值广西博物馆九十周年华诞。九十载栉风沐雨，九十载春华秋实。为了庆祝建馆九十周年，激励未来之发展，广西博物馆决定编辑出版《我们这十年——广西壮族自治区博物馆2014—2024年发展历程》一书。该书承袭了《广西壮族自治区博物馆重建三十周年论文选集1956—1986》《广西博物馆七十年（1934—2004年）》与《岁月留痕——广西壮族自治区博物馆建馆80周年》等纪念性图书的编撰传统，力求以全面、客观、精准的笔触，记录自2014年1月1日起至2024年4月30日十年间广西博物馆的整体发展脉络、重大事件及项目，以及各业务部门在实践、技术、业绩与成果方面所取得的新进展与新成就。

本书从方案策划到资料收集整理，从内容撰写到编辑校对，得到了馆领导班子和全馆同志的大力支持。韦江馆长作为本书的主编，对本书的定位、总体框架进行了严格把关，终审了全书的文字与图片，亲自撰写书序。陆文东副馆长作为本书的副主编，多次召集相关人员开会研究、积极推进书稿的编撰工作，并对全书内容进行细致认真的审核校对。沈文杰、韦玲、李欣妍具体负责编撰工作方案、统稿、资料梳理、编辑校对、审核排版、与出版社沟通协调等工作。

各部门撰稿人深入研究，精心撰写，按时保质保量地完成了文稿撰写工作。各章撰稿是：序言为韦江，上篇第一章为韦江、任飞、沈文杰、许明，第二章为黄智艺，第三章为严焕香，第四章为李霞、黄海荣，第五章为蓝武芳，第六章为萧潇、唐柳青，第七章为黄献源、经辉，第八章为谢怡，第九章为黄莹、谭济功、罗丹，第十章为任飞，第十一章为覃铭芳。下篇大事记为朱雅婷，附录为覃铭芳、田红艳、韦露莎、何湘梅、邹颖，后记为李欣妍。本书照片主要由张磊、黄嵩和、方凯彦、林洁、李鑫等同志提供。

由于时间仓促，编辑力量及水平所限，书中难免有疏漏之处，敬请指正和谅解。

本书编委会

2024年5月

图书在版编目（CIP）数据

我们这十年：广西壮族自治区博物馆 2014—2024 年发展历程 / 广西壮族自治区博物馆编 . -- 南宁：广西人民出版社，2024. 10.
ISBN 978-7-219-11808-5

Ⅰ. G269.276.7

中国国家版本馆 CIP 数据核字第 2024Q4N476 号

出品人　唐　勇
策　　划　罗敏超
责任编辑　覃结玲
责任校对　梁红燕
美术编辑　陈晓蕾

出版发行　广西人民出版社
社　　址　广西南宁市桂春路 6 号
邮　　编　530021
印　　刷　广西民族印刷包装集团有限公司
开　　本　787mm × 1092mm　1 / 16
印　　张　20.25
字　　数　350 千字
版　　次　2024 年 10 月　第 1 版
印　　次　2024 年 10 月　第 1 次印刷
书　　号　ISBN 978-7-219-11808-5
定　　价　398. 00 元